Familien als Kunden gewinnen

Frank Ternow

Familien als Kunden gewinnen

Potenziale erkennen und ausschöpfen

Frank Ternow
ternowmarketing.de
Mettmann, Deutschland

ISBN 978-3-658-28607-1   ISBN 978-3-658-28608-8 (eBook)
https://doi.org/10.1007/978-3-658-28608-8

Die Deutsche Nationalbibliothek verzeichnet diese Publikation in der Deutschen Nationalbibliografie; detaillierte bibliografische Daten sind im Internet über http://dnb.d-nb.de abrufbar.

Springer Gabler
© Springer Fachmedien Wiesbaden GmbH, ein Teil von Springer Nature 2020

Lektorat: Manuela Eckstein

Springer Gabler ist ein Imprint der eingetragenen Gesellschaft Springer Fachmedien Wiesbaden GmbH und ist ein Teil von Springer Nature.
Die Anschrift der Gesellschaft ist: Abraham-Lincoln-Str. 46, 65189 Wiesbaden, Germany

Vorwort

Wie können Unternehmen Familien als Kunden besser erreichen, gewinnen und halten? Damit beschäftigt sich das vorliegende Buch und bietet Entscheidern eine umsetzbare Arbeitsgrundlage, um zügig, aber systematisch Erfolgsstrategien zu erarbeiten. Ausgehend von theoretischen und empirischen Erkenntnissen werden Praxiskonzepte analysiert, um richtungsweisende Handlungsansätze zu erarbeiten. Hilfreiche Checklisten runden schließlich operatives Umsetzen konkret ab.

Dieses Fachbuch

* kann ein wertvoller Gewinntreiber und Ideenfinder sein – hilft, Umsatz und Gewinn zu steigern, regt zu Ideen bzw. neuen Geschäftskonzepten an;
* ermöglicht ein erstes Orientieren – schafft Übersicht in einem komplexen Markt und bietet besonders (Online-)Einzelhandel, Tourismus, Industriebetrieben und Agenturen einen leichten Zugang zu einem schwierigen Thema;
* ist sofort einsetzbar (z. B. bei der nächsten Research-, Werbe-/Aktionsplanungs- oder Strategiesitzung), insbesondere als Ergänzung zu vielfach vorhandenen kommerziellen Marktforschungsstudien;
* richtet sich an grundsätzlich planende und/oder konkrete Umsetzungsideen suchende Unternehmer, Fach- und Führungskräfte, Produkt-,

Marken- sowie Preisstrategen, Onlinehandel-/Multi-Channel-Experten, Werbefachleute, Event-Veranstalter, Content-Beauftragte, Verkaufsförderer, Studierende;

- gibt Abteilungen Impulse, beispielsweise bei Zielgruppenanalysen, Positionierungen, Verkaufsförderung.

Für die freundliche Unterstützung bei meinen Recherchen danke ich Herrn Prof. Dr. Dieter Ahlert, Prof. Dr. Wolfgang Fritz, Prof. Dr. Andreas Kaapke, Prof. Dr. Peter Kenning sowie Prof. Dr. Lothar Müller-Hagedorn. Center Parcs, Ernsting's family, Jako-o und myToys danke ich für die Abdruckgenehmigungen der Bildschirmkopien. Und schließlich gilt mein Dank dem Verlag Springer Gabler, insbesondere Frau Manuela Eckstein, Cheflektorin im Programmbereich Marketing.

Viel Erfolg wünscht
Frank Ternow   Mettmann, Deutschland
Januar 2020

Einleitung

Familien sind das Schwergewicht unter den Kundengruppen. Sie geben Geld für Dinge aus, an die andere nicht denken und verhelfen Branchen zu Milliardenumsätzen. Sie profitieren z. B. von der Digitalisierung, die Stress und Wege erspart. Sie verlangen aber auch Sicherheit bei Daten, Bezahlung, Produktqualität, in der Einkaufsstraße usw. Das Verhalten von Familien bzw. ihrer Mitglieder hat buchstäblich grundlegende Bedeutung für die Wirtschaft. Zu Unternehmen stehen sie in einem spannungsreichen aber interdependenten Verhältnis: Es gibt gemeinsame (wie Jobs oder Einkaufsmöglichkeiten/Umsätze) und mitunter gegensätzliche Interessen (z. B. Arbeits- oder Öffnungszeiten), also nutzen- und gewinnmaximierendes Streben. Die Politik beschäftigt sich auch immer wieder mit Familienfragen (vgl. Rossmann 2019, S. 7; s. auch Abschn. 1.1.4), um mit den permanenten Veränderungen und Forderungen Schritt zu halten. Längst befassen sich nicht mehr nur Soziologie (vgl. etwa Weber 1990, S. 212 ff. über „Hausgemeinschaft" bzw. „Versorgungsgemeinschaft") und ökonomische Theorie (vgl. z. B. Becker 1982, S. 187 ff. über „Ehe, Fruchtbarkeit und Familie") beispielsweise mit Investitionen von Eltern in die Kinder (Ausbildung u. a.) oder generell in die familiäre Lebensgemeinschaft. In der betriebswirtschaftlichen Literatur spielt das Kauf- und Konsumverhalten von Familien zwar eine Rolle.[1] Diese wird auch flankiert durch vermarktungsorientierte Umfragen von Verlagen[2] und Fernsehsendern.[3] Dennoch halten Kritiker Forschungen zu Kaufentscheidungen von Familien eher für Nischenphänomene, die der sehr großen Bedeutung der Zielgruppe nicht gerecht werden (vgl. Kirchler 1989, S. 13: Familien seien „kein attraktives Forschungsfeld" für die Wirtschaftswissenschaften).

Was ist für die betriebliche Praxis relevant? Viele interessierte Unternehmer und Führungskräfte stehen bei Familien vor der Frage, welches der passende Weg ist, sie als Kunden zu gewinnen und zu halten. Doch die Schwierigkeiten beginnen schon mit der Unterschiedlichkeit – sodass gut überlegt sein muss, welche Familien für das Unternehmen überhaupt als Kunden relevant sind. Und so geht es weiter: Wie entscheiden Familien eigentlich? Wer nimmt Einfluss? Soll man entsprechend vereinfachend „ganze" Familien ansprechen oder sich nur Teile (wie Jugendliche und Senioren) herauspicken? Kurzum: Wie lässt sich in familienrelevanten Märkten Wachstum und mehr Erfolg als bisher erzeugen? In der Praxis fehlen häufig Erkenntnisse für eine derart systematische Marktbearbeitung.

Dieses Buch versucht daher einen Spagat: einerseits belastbare Hinweise aus Forschung und Praxis zusammenzustellen, um die Zielgruppe besser zu verstehen und zu erreichen. Und andererseits auf dieser Basis umsetzbare Praxishinweise für die Marktbearbeitung zu entwickeln. Ziel ist zum einen, dass Wissen über familiäre Zusammenhänge bei Kauf und Konsum Überblick gebend kurz und knapp darzustellen. Zum anderen soll durch vielfältige konkrete Anregungen im Betriebsalltag lösungsorientiert gearbeitet werden können. Ausgangs- und Orientierungspunkt ist der Marketing-Ansatz (vgl. z. B. grundlegend Meffert 1986 sowie Becker 2006).

---

[1] Ausgehend von frühen verhaltenswissenschaftlichen Arbeiten in den USA der 1960er und 1970er Jahre werden im deutschsprachigen Raum besonders ab den 1980er Jahren Erhebungen zu diesem Themenbereich durchgeführt. Maßgeblich dürften hier besonders Hubel (1986) und Dahlhoff (1980) sein.
[2] Einen Überblick bieten Langmeyer und Winklhofer 2014. Vor allem große deutsche Zeitschriftenverlage bieten Marktforschungsstudien zu Familienthemen. Dazu als Beispiel die „Bravo-Jugendstudien", vgl. Bauer Advertising 2017.
[3] Siehe zum Beispiel die im Rahmen so genannter „Kinderwelten"-Fachtagungen vorgestellten spezifischen Studien der „Mediengruppe RTL" bzw. IP Deutschland GmbH, vgl. dazu IP Deutschland GmbH 2017.

Zum Ablauf: Zunächst richtet sich der Blick im Kap. 1 auf die Markt-
teilnehmer Familien grundsätzlich – ein Auseinandersetzen mit Familienbegriff und -zugehörigkeit sowie den Merkmalen, die eine Familie als
Gruppe ausmacht und in der der Einzelne oder die Familie als Ganzes
kaufend aktiv wird bzw. andere Kaufakteure beauftragt.

Im Anschluss folgt in Kap. 2 eine strukturelle Momentaufnahme, begrenzt auf Familien mit minderjährigen Kindern. Im Kern geht es um
Größen- und Einordnungen der Zielgruppe, um Relationen bei Einnahmen und Konsumausgaben.

Danach werden ausgewählte Erkenntnisse bisheriger Forschungen
vorgestellt, die Einfluss- und Entscheidungsprozesse im familiären Kaufverhalten nachvollziehbar machen (Kap. 3).

In Kap. 4 werden in vier Schritten die Anbieter- bzw. Praxiskonzeptseite
bei der Ansprache von Familien analysiert. Hauptbasis bilden Web-
site-Auswertungen.

Schließlich geht es Kap. 5 (nach einer kurzen theoretischen Einord-
nung von Erfolg, Potenzialen, Erfolgspotenzialen und Erfolgsfaktoren)
um konkrete Anregungen für die Praxis mittels Vorschlägen für Strategieansätze und hilfreiche Checklisten zum Strategieprozess – basierend u. a.
auf den vorangegangenen Ausarbeitungen.

Weitere Hinweise zur Methodik finden sich in den einzelnen Kapiteln
oder ergeben sich aus der Gliederung.

Literatur

Bauer Advertising (2017) Stichwort Bravo-Jugendstudien. http://www.bauerad-
vertising.de/research/bravo-studien/. Zugegriffen am 02.08.2017, 15.24 Uhr
Becker GS (1982) Der ökonomische Ansatz zur Erklärung menschlichen Ver-
haltens. Mohr, Tübingen
Becker J (2006) Marketing-Konzeption. Grundlagen des ziel-strategischen und
operativen Marketing-Managements, 8. Aufl. Vahlen, München
Dahlhoff H-D (1980) Kaufentscheidungsprozesse von Familien. Empirische
Untersuchung zur Beteiligung von Mann und Frau an der Kaufentscheidung. Lang, Frankfurt am Main

Hubel W (1986) Der Einfluss der Familienmitglieder auf gemeinsame Kaufentscheidungen. Duncker & Humblot, Berlin

IP Deutschland GmbH (2017) Stichwort „Kinderwelten"-Fachtagungen. http://www.ip.de/fakten_und_trends/zielgruppen/kinderwelten_fachtagung_2017.cfm. Zugegriffen am 07.06.2017, 14.38 Uhr

Kirchler E (1989) Kaufentscheidungen im privaten Haushalt. Eine sozialpsychologische Analyse des Familienalltages. Verlag für Psychologie – Dr. C. J. Hogrefe, Göttingen

Langmeyer A, Winklhofer U (2014) Taschengeld und Gelderziehung. Eine Expertise zum Thema Kinder und ihr Umgang mit Geld mit aktualisierten Empfehlungen zum Taschengeld. Deutsches Jugendinstitut (DJI), München. https://www.dji.de/fileadmin/user_upload/dasdji/news/2014/DJI_Expertise_Taschengeld.pdf. Zugegriffen am 14.06.2017, 11.26 Uhr

Meffert H (1986) Marketing. Grundlagen der Absatzpolitik, 7. Aufl. Gabler, Wiesbaden

Rossmann R (2019) Mutter und Mit-Mutter. Wer sind die Eltern eines Kindes? Neue Familienmodelle und die Medizin bringen auch Juristen an ihre Grenzen. Nun soll das Abstammungsrecht geändert werden. Süddeutsch Ztg (14.03.2019) 76(62):7

Weber M (1990) Wirtschaft und Gesellschaft. Grundriß der verstehenden Soziologie, 5. rev. Aufl. Mohr, Tübingen

Inhaltsverzeichnis

1

Familien als Marktteilnehmer

Darum geht es In diesem Kapitel richtet sich der Blick grundsätzlich auf Familien als Marktteilnehmer. Zunächst ermöglicht ein Auseinandersetzen mit dem Familienbegriff bzw. der -zugehörigkeit erste Einblicke in die Zielgruppe. Immer deutlicher wird dabei einerseits deren Vielfalt in der heutigen Zeit. Und andererseits finden sich eindeutige Hinweise darauf, was eine Familie von anderen Gruppen unterscheidet. Auch unterschiedliche Lebensphasen und mit ihnen zusammenhängende Konsumbedürfnisse zeigen verschiedene Familien- und damit Konsumententypen. Bereits hier deuten sich Ansätze zur Marktbearbeitung an. Schließlich stellen sich Fragen nach dem Zusammenspiel von Individuum und Familiengruppe: Wie der Einzelne im Rahmen seiner Bezugsgruppe Familie handelt, wie die Familie als kollektiver Kaufentscheidungs-Akteur fungiert, wie einzelne Familienmitglieder im Auftrag der Familie handeln.

© Springer Fachmedien Wiesbaden GmbH, ein Teil von Springer Nature 2020
F. Ternow, *Familien als Kunden gewinnen*,
https://doi.org/10.1007/978-3-658-28608-8_1

1.1 Familienbegriff und -zugehörigkeit

Die meisten Menschen wachsen auf und leben in einer Familie. Familienleben ist vielschichtig. Ein Erlebnisbereich unter vielen sind Informations- und Entscheidungsprozesse, die zu aktivem oder passivem Kauf und Konsum des Einzelnen, der Gemeinschaft, der Eltern (oder Elternteile), Geschwister sowie eventuell weiterer Verwandter führen. Viele haben ein klares Bild davon, was eine Familie ist und halten dieses für allgemein gültig. Ein näheres Beschreiben des Begriffs erscheint daher auf den ersten Blick überflüssig. Doch das Bild ist differenziert, der Begriff ist nicht erst in der heutigen Zeit kompliziert. Einer gängigen These zufolge wurde die Bezeichnung im 16. Jahrhundert (vermutlich analog zum wachsenden Einfluss protestantischer Familienbilder) dem Lateinischen entnommen; „familia" bedeutete ursprünglich „Dienerschaft" bzw. „gesamte Hausgenossenschaft" (vgl. o. V. 1963, S. 155). Aber auch französische Einflüsse prägten beispielsweise das Bild als „städtisch-bürgerliche" Lebensform (Gukenbiehl 2000, S. 80). Eine linguistisch-historische Vertiefung soll hier nicht erfolgen.

1.1.1 Eltern-Kind-Fokus oder Wohngemeinschaft?

Grundsätzlich lässt sich eine Familie im engeren Sinn nach Hill und Kopp (2013, S. 10) ansehen als:

- „eine auf Dauer angelegte Verbindung von Mann und Frau" (als Eltern),
- „mit gemeinsamer Haushaltsführung" (Zusammenleben als privater Haushalt) sowie
- „mindestens einem eigenen (oder adoptierten) Kind".

Das Vorhandensein mindestens eines Kindes wird auch vom Statistischen Bundesamt (Destatis) als ausschlaggebend angesehen, folglich werden Familien als „Eltern-Kind-Gemeinschaften" klassifiziert und folgende Familienformen unterschieden (Destatis 2017, S. 20; Destatis 2014 u. a. S. 28):

Familienformen des Statistischen Bundesamtes

- „Ehepaare"/„Paare" mit Kind(ern)
- „nichteheliche (gemischtgeschlechtliche) und gleichgeschlechtliche Lebensgemeinschaften" mit Kind(ern)
- „alleinerziehende Mütter und Väter mit ledigen Kindern im Haushalt" bzw. „Alleinerziehende" (Destatis 2017, S. 20, 2014, S. 28, u. a).[1]

Zwar sind in der Destatis-Definition zeitgemäß auch nicht verheiratete Paare, gleichgeschlechtliche Gemeinschaften (die mittlerweile allerdings auch verheiratet[2] sein können) und Alleinerziehende erfasst. Durch den Eltern-Kind-Fokus werden aber andere Auffassungen vernachlässigt. Im Ergebnis ist zwar durch die obigen Definitionen ein erster Segmentierungsansatz vorhanden. Der Familienbegriff wirkt jedoch eingeschränkt. Denn schließlich werden z. B. Großeltern und andere Verwandte (sofern vorhanden) ausgeblendet. Auch verstehen sich erfahrungsgemäß kinderlose Ehepaare vielfach ebenso als „Familie" wie zusammenlebende Verwandte ohne Kinder. Die Verwandtschaft sowie andere „Organisationsformen des privaten Lebens" (Hill und Kopp 2013, S. 10) sollten also eigentlich beim Familienbegriff mit einbezogen werden. In der Literatur führt dies des Öfteren dazu, die Begriffe „Haushalt" und „Familie" synonym zu verwenden, was umständliches Differenzieren erspart (vgl. z. B. Kroeber-Riel et al. 2009, S. 481). Auch wird vielerorts darauf hingewiesen, dass es

- bedingt durch Anforderungen der Arbeitswelt (Leben in der Nähe des Arbeitsplatzes, viele Umzüge) sowie
- gesellschaftlicher Prozesse (räumlich entfernt lebende Verwandte ohne Hilfeoption, Vereinsamung im Alter)

zunehmend selbst gewählte Wohngemeinschaften gibt, die faktisch die Rolle einer Familie einnehmen oder diese demnächst gar „ablösen" könnten; einige Schlagworte sind „Wahl-", „Netzwerk-" und „Freundesfami-

---

[1] Familien mit Migrationshintergrund folgen der gleichen Struktureinteilung. In einzelnen Bereichen – etwa zur Einkommenssituation – werden diese hier jedoch gesondert aufgeführt.
[2] Hier sei an den Diskussions- und Gesetzgebungsprozess zur „Ehe für alle" 2017 erinnert.

lien" sowie „Clanning" (vgl. Popcorn und Marigold 1999, S. 91 ff. sowie Kroeber-Riel et al. 2009, S. 481 und aus der Wohnperspektive heraus Pfund 2017, S. 23). Alle diese vermeintlichen Surrogate haben letztlich gemeinsam, dass sie zwar wie Familien „soziale Gebilde" (Kirchler 1989, S. 21 f.) bzw. Gruppen (Abschn. 1.2) sind. „Echte" Familien heben sich dann aber doch meistens durch den „Intimitätsgrad zwischen den Mitgliedern" (Kirchler 1989, S. 21 f., siehe ebenfalls Abschn. 1.2) von Wohngemeinschaften u. ä. ab. Denn beim Zusammenleben in Wohnge-meinschaften gibt es tendenziell mehr Privatsphäre als in Familien – in Letzteren sind stattdessen oft „Geschlechterzusammensetzung" sowie „Altersunterschiede" breiter strukturiert, gibt es eher „Abhängigkeitsver-hältnisse" und Hierarchien (Kirchler 1989, S. 21 f.).

Die bisher genannten Familienansichten – Eltern-Kind-Fokus bis „Wahlfamilien"-Wohngemeinschaften u. ä. – gehen davon aus, dass alle Beteiligten in einem Haushalt oder einer Wohnung zusammenleben. Dies ist bei Familien aber nicht immer gegeben.

1.1.2 Lebensphasen und Konsumbedürfnisse

Ein indirektes Annähern an einen breiteren Familienbegriff wird durch den Blick auf ausgewählte Lebensphasen und mit ihnen einhergehenden unterschiedlichen Konsumbedürfnissen erreicht. Mit Konsumbedürfnis-sen sind hier die „Motive" bzw. zielorientierten „Beweggründe" für Kauf-entscheidungen der Familie insgesamt oder einzelner Familienmitglieder gemeint; dies schließt auch Ansprüche und Erwartungen mit ein (vgl. Meffert 1986, S. 150 f., der auf den Zusammenhang mit dem „An-spruchsniveau" der Konsumenten verweist; vgl. auch Meffert 1992, S. 52 ff. und grundlegend Kroeber-Riel 1992, S. 136 ff.). Als typische (durchaus umstrittene) Bedürfnisse – die sich meistens durch Käufe oder andere Zahlungen erfüllen lassen, die aber nicht immer befriedigt sind und damit Handlungen auslösen – werden in der Literatur beispielsweise genannt (vgl. Dichtl 1991, S. 77 in Anlehnung an die umstrittene Theo-rie von Maslow; Kritik daran z. B. in Wiswede 1991, S. 66, der u. a. auf das fehlende „Machtmotiv" hinweist):

• Lebensgrundlagen stillen (Nahrung, Kleidung, Wohnung u. ä.). Familien/Familienmitglieder benötigen dafür etwa erreichbare Geschäfte oder Online-Versender (mit funktionierendem Bestell- und Auslieferungssystem), möglichst bezahlbare Warenangebote, Wohnungen usw.

• Gesundheit und Eigentum schützen. Familien/Familienmitglieder fragen z. B. Versicherungen, gesund wirkende Bio-Lebensmittel, hohe Qualität versprechende Markenartikel, Sicherheitstechnik gegen Einbrüche usw. nach.

• Liebe, Geselligkeit, soziales Engagement u. ä. erleben. Familien/Familienmitglieder wünschen persönliche Kontakte, die Zugehörigkeit zu einer Gruppe u. ä. Sie kaufen Geschenke, zahlen Mitgliedsbeiträge in Vereinen oder durch regelmäßige Käufe für die Mitgliedschaft in Kundenclubs, engagieren sich altruistisch für andere Menschen oder in Bürgerinitiativen für/gegen etwas usw.

• Nach Geltung/Anerkennung streben, z. B. durch die „Bezugsgruppe" Eltern/Geschwister, sonstige Verwandte, Kollegen, Nachbarn, Freunde etc. (Kroeber-Riel et al. 2009, S. 479; zu sozialen Einflüssen siehe auch Abschn. 1.2.1). Familien/Familienmitglieder demonstrieren ihr zuvor erkauftes Konsumniveau (Auto/Wohnlage als Statussymbol u. ä.), wollen Vorreiter sein (kaufen neueste Mode oder Technik) oder zu exklusiven Gruppen gehören (zahlen z. B. bewusst hohe Beiträge in Golfclubs oder kaufen sich gar ein) usw.

• Sich als Individuum persönlich entfalten/„verwirklichen". Familienmitglieder wollen – mitunter auch im Rahmen der Familie und mit anderen Familienmitgliedern gemeinsam – etwas für sich selbst tun. Handwerken, gärtnern, basteln, malen, töpfern, musizieren, sich weiterbilden, Reisen erleben, Hochleistungssport treiben, genießen uvm. führen zu entsprechenden Ausgaben.

Keineswegs sind mit dieser Auflistung sämtliche für Familien als Gruppe bzw. einzelne Familienmitglieder relevanten Bedürfnisse abgedeckt. Auch können Aktivitäten anderen Bedürfnissen geschuldet sein, als hier zugeordnet. Handwerksarbeiten müssen z. B. nicht zwangsläufig Selbstverwirklichungsmotiven entspringen, sondern können auch für Lebensgrundlagen relevant sein (Kosten senkende eigene Wohnungsrenovierung). Gelegentlich wirken sich die Bedürfnisse einzelner Mitglieder auf die gesamte Familie verheerend aus, etwa wenn persönliches Entfalten eines Elternteils zu Rücksichtslosigkeit und Scheidung führt.

Elementar ist, dass zunächst die Lebensgrundlagen gesichert sein müssen, bevor Eltern zum Beispiel daran denken können, ihre Kinder in einem Verein anzumelden oder sich ein Luxus-Auto zu kaufen. Damit spricht viel dafür, dass manche Bedürfnisse – auch wenn vielleicht immer vorhanden – erst zu bestimmten Zeiten für Familien oder einzelne Familienmitglieder kauf- und konsumrelevant werden.

Entsprechend geht der so genannte „Familienlebenszyklus" (Kuß 1991, S. 124; vgl. auch Meffert 1992, S. 90 ff. und Kap. 3) davon aus, dass die Zahl der Familienmitglieder und damit die Konsumbedürfnisse im Zeitverlauf erheblichen Veränderungen unterliegen. Je nach Lebensphase werden unterschiedliche Waren und Dienstleistungen nachgefragt (vgl. Kroeber-Riel et al. 2009, S. 484 ff.):

Typische Lebensphasen von Familien

- **1. Phase:** Paar „unverheiratet, jung"; Alter bis etwa 29 Jahre
- **2. Phase:** „verheiratet, mit jungen Kindern"; Eltern bis ca. 39 Jahre, Kinder bis zum 10. Lebensjahr
- **3. Phase:** „verheiratet, mit älteren Kindern"; Eltern bis etwa 49, Kinder bis 20 Jahre
- **4. Phase:** „verheiratet, ohne Kinder", „empty-nest"; Kinder haben das Elternhaus verlassen

Wäre nun allein das Kriterium „Kind-im-Haushalt-wohnend" (wie in Abschn. 1.1.1) maßgeblich, um von „Familie" zu sprechen: Wichtige Phasen würden ausgeblendet, die von erheblicher Kauf- und Konsumrelevanz sind. Ein Beispiel dafür ist das jung verheiratete Paar ohne Kinder (1. Phase), das aber mit Blick auf die Zukunft mit Kindern bereits Produkte kauft, wie etwa Kinderzimmermöbel. Auch die vierte Lebensphase würde dann keine Rolle spielen, also die des älteren Ehepaares, dessen große Kinder bereits ausgezogen sind. Dieses „empty-nest"-Paar kauft aber vielleicht einerseits für seine Enkel und andererseits für sich selbst hochwertige Artikel (z. B. Markenkleidung) oder Dienstleistungen (wie Studien-Reisen) ein – zum Beispiel, um sich gerade nach Jahren des kinderbedingten Verzichtes etwas zu gönnen (vgl. Kuß 1991, S. 124 f.).

Die Lebensetappen empfehlen sich für einen weiteren groben Segmentierungsansatz: Das familiäre Kauf-/Konsumverhalten lässt sich z. B. nach

- jungen Erwachsenen-Paaren,
- jungen Eltern,
- Kindern und Jugendlichen (zur Definition und Alterseingrenzung des Begriffs „Jugendliche" s. Abschn. 3.3),
- Eltern im mittleren Alter mit Kindern und
- älteren Erwachsenen („empty-nest")

unterscheiden (vgl. z. B. Kuß 1991, S. 124, sowie Kroeber-Riel et al. 2009, S. 484 ff.). Allerdings ist mit dem Denkansatz „Familienlebenszyklus" nur eine „(natürlich vergröbernde) Darstellung bestimmter typischer Lebensphasen von Familien" (Kuß 1991, S. 124) gemeint. Das Modell ist also idealtypisch angelegt, Zwischen- bzw. Übergangsphasen oder andere Familienkonstellationen werden nicht erfasst. Dabei lassen sich die Phasen zum einen auch auf Alleinerziehende oder unverheiratete Paare mit Kindern übertragen. Zum anderen verlaufen die im „Familienlebenszyklus" genannten idealtypischen „Lebensabschnitte" in der Praxis häufig verschiedenartig – etwa beim Alter von Eltern oder Kindern (so wohnen junge erwachsene Männer häufig länger bei den Eltern als junge Frauen, vgl. o. V. 2019, S. 8). Oder sie werden tendenziell in westlichen Ländern vielfältiger (z. B. durch Scheidungen, Wiederheirat). Auch springen Familien manchmal in Phasen zurück. Dies kann beispielsweise geschehen, wenn Kinder ausgezogen sind, ältere Paare aber noch Babys bekommen – oder erwachsene Kinder wieder einziehen. Familien mit vielen Kindern decken darüber hinaus durch die größere Altersspanne mitunter mehrere Phasen gleichzeitig ab. Je nach Abweichen vom Ideal ergeben bzw. wiederholen sich dann immer wieder Kauf-/Konsummuster und bieten Vermarktungs-Ansätze (vgl. Kuß 1991, S. 124).

Die Phasen verdeutlichen (neben unterschiedlichen Konsumbedürfnissen von Familien im Zeitverlauf), dass die Anzahl der Familienmitglieder deutlich schwanken kann: Von der Einzelperson zur größeren Gruppe und wieder zurück oder auch anders.

1.1.3 Kern- und Großfamilien-Zielgruppen

Mit Blick auf die Anzahl der Familienmitglieder lassen sich Familien auch in „Kern-" und „Großfamilien" einteilen, die zumindest für eine begrenzte Zeit den Kreis der Zielgruppen eingrenzen. Im Einzelnen (vgl. Hill und Kopp 2013, S. 12 f.):

Kern- und Großfamilien

- **Kernfamilien:** Familienmitglieder sind die Eltern bzw. ein Elternteil und mindestens ein Kind (also Familie im engeren Sinn, ähnlich wie zu Beginn definiert).
- **Großfamilien:** Sie umfassen die Kernfamilie und weitere Verwandte (Familie im weiteren Sinn).
  Eine bekannte Großfamilienart ist z. B. die so genannte „Dreigenerationenfamilie" (= Kernfamilie mit Eltern eines Ehepartners).

Je nach Branche bergen Großfamilien ggf. vielfältige Umsatzpotenziale, etwa indem für Kinderprodukte finanzstarke Großeltern als Käufer angesprochen werden (zum Begriff „Potenzial" s. Abschn. 5.1). Häufiger dürften es Entscheider im Familien-Marketing aber mit Kernfamilien zu tun haben. Im Folgenden soll aus der Fülle möglicher Konstellationen in der Regel eine Konzentration auf Familien mit minderjährigen Kindern/Jugendlichen erfolgen, die sowohl Kern- als auch Großfamilie sein können. Allein deduktiv (etwa durch Kreativitätstechniken, vgl. dazu Rosenstiel 2007, S. 356 ff.; o. V. 1988, S. 3047 f.) können dann bei diesen viele mögliche Zielgruppentypen identifiziert und kombiniert werden, beispielsweise nach Merkmalen der Kinder:

Familien nach Merkmalen der Kinder

- Familien mit Babys und/oder Kleinkindern
- Familien mit Kindergarten- bzw. Schulkindern (Schulanfängern, älteren Grundschülern usw.) oder Teenagern
- Familien mit Jugendlichen in Ausbildung oder angehenden Abiturienten
- Familien mit körperlich und/oder geistig behinderten Kindern
- (Pflege-)Familien mit aufgenommen bzw. vom Jugendamt vermittelten Kindern usw.

Auch anhand des Lebensstils bzw. der Lebensweise lassen sich Familientypen deduktiv bilden. Unter Lebensstil werden frei gewählte Verhaltensweisen verstanden, die durch Einstellungen und „Zielvorstellungen" geprägt sind, beeinflusst durch Bildung, Beruf, Alter/Lebensphase usw. (vgl. Hradil 2000, S. 204). Dagegen ist die Lebensweise nicht unbedingt frei gewählt (Hradil 2000, S. 204). Im Einzelnen:

• Einkind-Familien
• Mehrkind-Familien
• Alleinerziehenden-Familien
• „Patchwork"-Familien (verschiedene, nicht unbedingt direkt verwandte Familienmitglieder)
• „Dreigenerationen"-Familien
• Familien mit/ohne Haustier/en
• Familien mit/ohne Sportausübung
• Familien mit/ohne Musikbegeisterung
• Familien mit/ohne Natur-/Umweltschutzbewusstsein
• Familien mit/ohne vegetarische/r Ernährungsaffinität
• Familien mit/ohne Hang zu Konsumelektronik-Konsum
• Familien mit/ohne Vorliebe für Kraftfahrzeuge
• Familien mit/ohne Do-it-yourself-Neigung
• Familien mit und ohne Eigenheim usw.

Eng verbunden mit Lebensstil und -weise können schließlich auch soziodemografische Kriterien der Eltern eine weitere Einteilungsmöglichkeit darstellen. Dabei wird ein Zusammenhang, zum Beispiel zwischen dem Beruf oder dem Alter der Eltern mit einer daraus resultierenden Art zu leben, unterstellt:

• Familien mit jungen oder älteren Eltern
• Bildungsbürger-/Studentenfamilien
• Künstlerfamilien
• Handwerkerfamilien
• Beamtenfamilien
• Unter-/Mittel-/Oberschichtsfamilien[3]
• Einwanderer-/Migranten-Familien usw.

---

[3] Zum schichtbezogenen Kaufverhalten siehe Meffert 1992, S. 92 f.: Oberschichtsfamilien haben nach Meffert beispielsweise weniger „Diskussionen" vor Kaufentscheidungen und mehr individuelle Autonomie, Mittelschichtsfamilien „neigen eher zu gemeinsamen Kaufentscheidungen", und bei Unterschichtsfamilien stehen „Güter des täglichen Bedarfs im Vordergrund".

Vor einer Fokussierung sollten tiefergehende Zielgruppenanalysen durch die Marketingforschung stehen.

1.1.4 Ausgewählte politisch-rechtliche Aspekte

Angesichts der enormen Themenbandbreite soll hier abschließend ein fokussierter Blick auf ausgewählte Familiensichtweisen in Politik (hier: Bundesregierung) und Recht (hier: Grundgesetz und Bürgerliches Gesetzbuch) erfolgen. Die Hinweise erscheinen dem Autor besonders erwähnenswert, um das Thema Familiendefinition abzurunden und geben seine subjektive Auswahl und Sicht wieder. Eine juristische Vertiefung – auch mit Blick auf weitere vom Thema tangierte Rechtsgebiete (wie z. B. das Kaufrecht) – kann hier nicht erfolgen, da dies den Rahmen der Themensetzung sprengen würde. Lediglich das Jugendschutzgesetz wird noch einmal in Abschn. 3.3 und das Gesetz gegen unlauteren Wettbewerb in Abschn. 5.3.3 gestreift. Ebenso sprengend wäre eine tiefergehende Analyse von Parteiprogrammen bzw. politischer Aussagen, vor dem Hintergrund des politisch umstrittenen Familienbegriffs.

Nachfolgend daher vier Schlaglichter auf Politik und Recht, die Anregungen für weitere Überlegungen ermöglichen:

Schlaglicht 1
Die Bundesregierung erkennt scheinbar die Vielschichtigkeit von Familien an und verkündet als Definition z. B. im so genannten „Familienreport 2014" (Bundesministerium für Familie, Senioren, Frauen und Jugend 2015, S. 12): „Im familienpolitischen Verständnis ist Familie dort, wo Menschen verschiedener Generationen dauerhaft füreinander Verantwortung übernehmen, füreinander einstehen und gegenseitige Fürsorge leisten." Viele in politischen Debatten auftauchende Familienbegriffe werden hierbei zusammengeführt, sie reichen von verheirateten/ unverheirateten Paaren mit Kindern, über „Alleinerziehende, Stief- und Patchworkfamilien, Regenbogenfamilien" bis hin zu „Familien, die sich um pflege- und hilfsbedürftige Angehörige kümmern" (Bundesministerium für Familie, Senioren, Frauen und Jugend 2015, S. 12). Außen vor

bleiben in dieser – letztlich politischen Zielen verpflichteten – Definition aber beispielsweise Großfamilien und Paare ohne Kinder, die sich als Familie verstehen.

Der Blick auf Grundgesetz (GG) und Bürgerliches Gesetzbuch (BGB) deutet dagegen auf einen eher pragmatischen Umgang mit der Vielfalt der Familiendefinitionen:

Schlaglicht 2
Das Grundgesetz unterscheidet in Art. 6 GG zwischen Ehe *und* Familie (o. V. 2005a, S. 5a).

Schlaglicht 3
Das Familienrecht im Bürgerlichen Gesetzbuch beschreibt zum Beispiel

* Verwandtschaftsverhältnisse (§§ 1589 ff. BGB) bzw.
* Mutter- (§ 1591) und Vaterschaft (§ 1592 BGB) (o. V. 2005b, S. 331 ff.).

Schlaglicht 4
Beim Blick auf die Kaufentscheidungen von Familien oder Familienmitgliedern werden im BGB wichtige Grundfragen geregelt. Als ein Beispiel sei hier der so genannte „Taschengeldparagraph" 110 BGB genannt, der die Entscheidungsfreiheit bei Kaufentscheidungen von minderjährigen Kindern festlegt, damit maßgeblich in das Eltern-Kind-Verhältnis eingreift und unterschiedliche Rechte von Familienmitgliedern (hier: je nach Alter) deutlich macht.

1.2   Individuum und Gruppe

Ob Kern- oder Großfamilie, Eltern-Kind- oder Wohngemeinschaft, zusammenlebende Verwandte usw.: Familie besteht aus einzelnen Familienmitgliedern. Zusammen bilden sie eine Gruppe, die sich auch dann verbunden fühlt, wenn nicht jedes Mitglied gleichzeitig anwesend ist. Eine Gruppe ist folgendermaßen definiert:

> **Gruppe** „Mehrzahl von Personen, die in wiederholten und nicht nur zufälligen wechselseitigen Beziehungen zueinander stehen." (Kroeber-Riel et al. 2009, S. 478)

Die Gruppengröße einer Familie variiert je nach Lebensphase oder anderen Bedingungen, umfasst hier mindestens zwei Personen. Typischerweise hat die Familie als Gruppe eine

- „eigene Identität" (Kroeber-Riel et al. 2009, S. 478), d. h. gemeinsame Werte (vgl. Balderjahn und Scholderer 2007, S. 122),[4] einen gewählten Lebensstil (Konsum, Freizeitgestaltung, Bildungsanspruch usw.) und eine spezifische Kommunikationsweise (mit jeweils eigenen Regeln/Ritualen, vgl. Kirchler 1989, S. 107); sie wird von den Mitgliedern selbst („Wir-Gefühl") wie von Außenstehenden als „Einheit" wahrgenommen,
- „soziale Ordnung" (Kroeber-Riel et al. 2009, S. 478); das einzelne Familienmitglied hat eine bestimmte Position oder Hierarchieebene inne und „spielt" eine Rolle[5] (erwartetes Verhalten) bzw. hat einen bestimmten Aufgaben-/Tätigkeitsbereich,
- emotional-soziale Qualität, d. h. nach Kirchler (1989, S. 28) eine gefühlsmäßige wechselseitige Abhängigkeit, eine hohe „Intensität und Intimität der Gefühle", die „Bereitschaft zur Selbstaufopferung", eine „dichte Verflechtung gemeinsamer Aktivitäten", „jeder einzelne" ist von „besonderer Bedeutung". Im Unterschied zu anderen Kleingruppen ist ein hoher Status eines Mitgliedes nicht immer entscheidend für das „Gruppenergebnis" (Kirchler 1989, S. 28 und 242): „Expertenmacht" wird ggf. durch anderes „maskiert", z. B. Liebe/Belohnung/Zwang.

---

[4] Werte = „(…) wenige und relativ stabile Einstellungen zu wünschenswerten, (…) Lebens- und Verhaltensformen (…)." (Balderjahn und Scholderer 2007, S. 122).
[5] Ähnlich einer Rolle in einem Theaterstück werden bei einer gesellschaftlichen Rolle „bestimmte Verhaltensweisen" vom „Träger" einer „sozialen Position" (= Platz in der Gesellschaft, etwa Position als „Familienvater" oder „Ehefrau und Mutter") erwartet, vgl. Kroeber-Riel et al. 2009, S. 498. Zu „Rollen" siehe auch Abschn. 1.2.2 sowie 3.2.4.

Beim Blick auf die Identitätsmerkmale von Familien soll das Zusammenspiel von exemplarisch ausgewählten Werten und Kommunikationsstilen kurz näher betrachtet werden: Je nachdem, wie in der Gruppe beispielsweise von Seiten der Eltern mit Kindern und Jugendlichen kommuniziert wird, lassen sich auch hier unterschiedliche Familientypen erkennen, die sich dann in den Kauf- und Konsumentscheidungen (etwa in punkto Markenwahl) widerspiegeln. Beispiele (Esch und Gawlowski 2013, S. 307 f.):

* „Pluralistische" Familien haben ein starkes „Zusammengehörigkeitsgefühl" und pflegen einen intensiven Informationsaustausch.
* „Einvernehmliche" Familien sind ähnlich wie „pluralistische", ihnen ist aber auch das harmonische Miteinander wichtig.
* Bei „beschützenden" Familien ist den Eltern der „Schutz der Kinder" wichtiger als ihre Bedürfnisse.
* „Laissez-Faire-Familien" kommunizieren vergleichsweise wenig, es besteht ein geringes gegenseitiges Interesse.

Die ersten beiden Familiengruppen kommunizieren eher freundlich, offen, demokratisch und sachlich – letztere eher autoritär bzw. diskussionsfrei (vgl. Esch und Gawlowski 2013, S. 307 f.). In Abschn. 3.3 wird hierauf im Rahmen der Auswirkungen des „Eltern-Kinder-Verhältnisses" zurückzukommen sein.

Mindestens drei eng verzahnte Verhaltensaspekte zeigen vor dem Markthintergrund eines Produkt- und Dienstleistungsangebotes, was die Familien-Gruppe für den Einzelnen bedeutet, wie er selbst als Teil der Gemeinschaft handelt oder Einfluss ausübt und wie die Gruppe agieren kann.

1.2.1 Der Einzelne als Akteur

Soziale „Umwelt"-Einflüsse sind (neben psychischen, ökonomischen, situativen, politisch-rechtlichen uvm.) besonders wichtig für die Kaufentscheidungen des Einzelnen (vgl. Kroeber-Riel et al. 2009, S. 457 ff.). Vom Individuum aus gesehen, lässt sich der soziale Einfluss in eine weitere (Kultur, Medien, Mode usw.) sowie eine nähere Umwelt unterteilen. Die nähere Umwelt eines Menschen bildet in der Regel die Familie – neben Freunden u. a. Und diese gewährt dem Einzelnen Orientierung für individuelle Kaufentscheidungen.

Die Familie ist hier also die „Bezugsgruppe" (Kroeber-Riel et al. 2009, S. 475 und 479; siehe auch Abschn. 1.1.2) für das einzelne Familienmitglied: Sie liefert Verhaltensnormen und hat entscheidenden Anteil daran, Heranwachsende „in ihre Konsumentenrolle" einzuweisen. Das Individuum richtet sich ggf. nach den erlernten Mustern (oder rebelliert dagegen). Letztlich handelt das einzelne Familienmitglied unabhängig – soweit nach Alter, rechtlichen und anderen Einschränkungen/Freiheiten möglich.

1.2.2 Die Familie als Akteur im Entscheidungsprozess

Die Gruppe als solche ist der kollektive Kaufentscheidungs-Akteur. Die Gemeinschaft („soziale Ordnung") bringt es mit sich, dass die einzelnen Mitglieder Rollen ausüben, wodurch die Familie erst insgesamt zum Akteur wird.

Die Rollenverteilung im Kaufentscheidungsprozess hat Dahlhoff (1980, S. 41) beschrieben und dabei 15 verschiedene mögliche Rollen unterschieden; jedes Familien-Mitglied übt häufig mehrere Funktionen aus:

Rollenverteilung im Kaufentscheidungsprozess nach Dahlhoff

- „Produkt-Interessent" – ein Familien-Mitglied interessiert sich für ein Produkt.
- „Kauf-Initiator" – ein Mitglied hat eine (Konsum-)Idee.
- „Produkt-Experte" – kennt sich am besten mit einem Produkt oder einer Dienstleistung aus.
- „Empfehler" – empfiehlt „Stil" oder Marke.
- „Informationssucher" – sucht Informationen über ein Produkt („persönliche und unpersönliche Quellen").
- „Informationsverarbeiter" – prüft die Informationen.
- „Alternativen-Einenger" – trifft eine Produktauswahl.

- „Budgetierer" – fixiert die Ausgabenhöhe.
- „Kaufentscheider" – entscheidet über einzelne Merkmale (Qualität, Marke etc.).
- „Kauflegitimator" – bestimmt grundsätzlich, dass gekauft werden darf.
- „Käufer" – kauft beispielsweise im Geschäft bzw. bestellt online oder per Telefon im Versandhandel.
- „Kaufbegleiter" – ist beim „Kaufakt" dabei.
- „Verbraucher/Nutzer" – ge-/verbraucht das Produkt bzw. wendet es an.
- „Prozeßvalidator" – beurteilt die getroffene Entscheidung und den Prozess.
- „Erfahrungssammler" – sammelt Kenntnisse für „zukünftige Käufe". (Dahlhoff 1980, S. 41)

1.2.3 Die Familie beauftragt Akteure

Die potenziellen Rollen im Entscheidungsprozess deuten bereits an, dass die Familien-Gruppe mitunter gemeinsam entscheidet, allerdings häufig nicht unmittelbar gleichzeitig als Kollektiv kauft und konsumiert. Vielmehr beauftragt die Gruppe bzw. beauftragen einzelne Familienmitglieder (wie z. B. der berufstätige Lebenspartner) bisweilen eine Person aus dem Kreis der Familie – etwa den nicht berufstätigen Partner – für ein Familienmitglied oder mehrere oder die gesamte Gruppe einzukaufen. Diese Person tritt nun als ausführender (Fremd-)Käufer in Erscheinung – z. B. die Ehefrau und Mutter, die für den Partner Kleidung und für die Kinder Schulutensilien kauft (vgl. zum Fremdkauf oder „Käufer-Nutzer-Verflechtungen" Kaapke und Knol 2008, S. 6 ff.). Die Person ist also „Entscheider und Zahler" (Trommsdorff 2009, S. 15), jedoch nicht unbedingt auch Konsument. „Konsument" steht hier in erster Linie für verbrauchen/nutzen/anwenden. Trommsdorff (2009, S. 15) fasst darunter entscheiden, kaufen und verbrauchen. Als Konsumenten oder Nutzer treten Familien dann beispielsweise gemeinsam oder als einzelne Familienmitglieder in Erscheinung (als Lebensmittelverzehrer, Urlauber, Autonutzer usw.). Der von der Familie beauftragte Fremdkäufer könnte allerdings auch für Nachbarn oder Freunde einkaufen. Dann lägen Verbrauch oder Nutzung außerhalb der Familie.

Eine weitere Möglichkeit ist, dass die Familie ein Mitglied beauftragt, für eine Person (innerhalb oder außerhalb der Familie) ein Geschenk oder einen Geschenkgutschein zu kaufen. Das beauftragte Familienmitglied entscheidet und zahlt, verbraucht oder nutzt aber ebenfalls nichts selbst. Als Fremdkäufer kann das Mitglied dann zum Schenkenden werden – es sei denn, die Familie schenkt z. B. gemeinsam oder ein anderes Mitglied schenkt im Namen aller. Weitere Beispiele: der „Stipendiat", der entscheidet/nicht-zahlt/verbraucht, sowie der Privatpatient, der nicht-entscheidet/zahlt/verbraucht (vgl. Trommsdorff 2009, S. 15). Unterm Strich gibt es also bei Familien mindestens folgende Ausprägungen auf zwei Ebenen:

- Kauf-Auftraggeber, (Fremd-)Käufer und Schenkende/r.
- Konsument(en)/Nutzer/Anwender, Beschenkte(r).

1.2.4 Fazit

Der Einzelne und die Gruppe, die Gruppe und der Einzelne, der Einzelne innerhalb der Gruppe: die vorangegangen Überlegungen machen deutlich, dass das Produkt- und Dienstleistungsangebot im Familien-Markt sowohl einzelne Familienmitglieder als auch die Familie als Gruppe tangiert. Abb. 1.1 fasst daher Angebotswirkung und mögliche Handlungsmuster noch einmal bildlich zusammen. Damit sollen andere denkbare Aktivitätsmuster nicht ausgeschlossen, hier jedoch nicht weiter verfolgt werden.

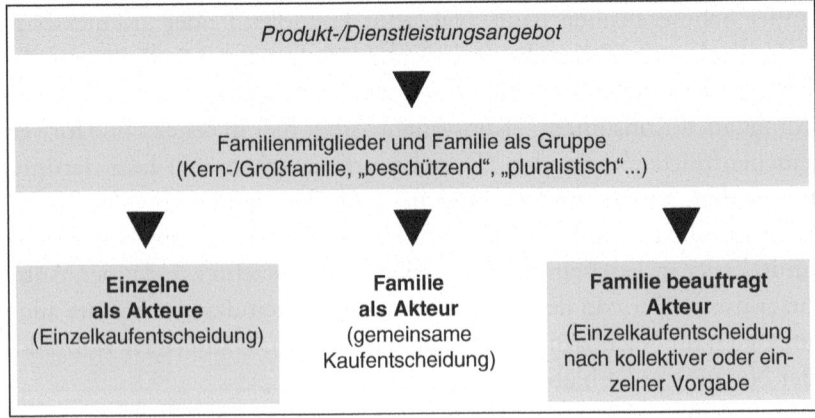

Abb. 1.1 Angebotswirkung und mögliche Handlungsebenen

Literatur

Balderjahn I, Scholderer J (2007) Konsumentenverhalten und Marketing. Grundlagen für Strategien und Maßnahmen. Schäffer-Poeschel, Stuttgart

Bundesministerium für Familie, Senioren, Frauen und Jugend (Hrsg) (2015) Familienreport 2014. Leistungen, Wirkungen, Trends, 1. Aufl. Hamburg, Berlin

Dahlhoff H-D (1980) Kaufentscheidungsprozesse von Familien. Empirische Untersuchung zur Beteiligung von Mann und Frau an der Kaufentscheidung. Lang, Frankfurt am Main

Destatis (Hrsg) (2014) Konsumausgaben von Familien für Kinder. Berechnungen auf der Grundlage der Einkommens- und Verbraucherstichprobe 2008, Wiesbaden: Statistisches Bundesamt. https://www.destatis.de/GPStatistik/servlets/MCRFile-NodeServlet/DEHeft_derivate_00031121/KonsumausgabenFamilienKinder5632202089004.pdf. Zugegriffen am 18.09.2017, 12.47 Uhr

Destatis (Hrsg) (2017) Bevölkerung und Erwerbstätigkeit 2016. Haushalte und Familien, Ergebnisse des Mikrozensus, Fachserie 1, Reihe 3. Statistisches Bundesamt, Wiesbaden. https://www.destatis.de/GPStatistik/servlets/MCR-FileNodeServlet/DEHeft_derivate_00032758/2010300167004.pdf. Zugegriffen am 04.08.2017, 11.40 Uhr

Dichtl E (1991) Der Weg zum Käufer, 2. Aufl. dtv, München

Esch F-R, Gawlowski D (2013) Der Einfluss von elterlichen Kommunikationsstilen auf die Markenbindung. Eine Untersuchung der Bedingungen von lebenslanger Markenbindung. Mark ZFP 35(4):303–319

Gukenbiehl HL (2000) Familie. In: Schäfers B (Hrsg) Grundbegriffe der Soziologie, 6. Aufl. Leske + Budrich, Opladen, S 80–84

Hill PB, Kopp J (2013) Familiensoziologie. Grundlagen und theoretische Perspektiven, 5. Aufl. Springer, Wiesbaden

Hradil S (2000) Lebensstil. In: Schäfers B (Hrsg) Grundbegriffe der Soziologie, 6. Aufl. Leske + Budrich, Opladen, S 204–207

Kaapke A, Knol A (2008) Demographie und Konsumentenverhalten. Die ökonomische Bedeutung von Käufer-Nutzer-Verflechtungen vor dem Hintergrund des demographischen Wandels – eine empirische Untersuchung. In: Handel im Fokus, Heft 1, 60 Jg. Institut für Handelsforschung, Köln, S 6–30

Kirchler E (1989) Kaufentscheidungen im privaten Haushalt. Eine sozialpsychologische Analyse des Familienalltages. Verlag für Psychologie – Dr. C. J. Hogrefe, Göttingen

Kroeber-Riel W (1992) Konsumentenverhalten, 5. Aufl. Vahlen, München

Kroeber-Riel W, Weinberg P, Gröppel-Klein A (2009) Konsumentenverhalten, 9. Aufl. Vahlen, München
Kuß A (1991) Käuferverhalten. G. Fischer, Stuttgart
Meffert H (1986) Marketing. Grundlagen der Absatzpolitik, 7. Aufl. Gabler, Wiesbaden
Meffert H (1992) Marketingforschung und Käuferverhalten, 2. Aufl. Gabler, Wiesbaden
o. V (1963) Familie. In: Duden-Redaktion (Hrsg) Duden Etymologie. Herkunftswörterbuch der deutschen Sprache. Duden, Mannheim/Wien/Zürich, S 155
o. V (1988) Kreativitätstechniken. In: Gabler Wirtschafts-Lexikon, Bd. 3 G – K, 12. Aufl. Betriebswirtschaftlicher Verlag Dr. Th. Gabler, Wiesbaden, S 3047 f
o. V (2005a) Grundgesetz für die Bundesrepublik Deutschland. In: Beck'sche Textausgaben: Wirtschaftsgesetze, Textsammlung für Juristen und Wirtschaftsfachleute, 57. Ergänzungslieferung 1. November 2005. C. H. Beck, München, S 1–54
o. V (2005b) Bürgerliches Gesetzbuch (BGB). In: Beck'sche Textausgaben: Wirtschaftsgesetze, Textsammlung für Juristen und Wirtschaftsfachleute, 57. Ergänzungslieferung 1. November 2005. C. H. Beck, München, S 1–474
o. V (2019) Männer wohnen länger bei den Eltern als Frauen. Süddeutsch Ztg (24.01.2019) 76(20):8
Pfund J (2017) Ein Miteinander mit klaren Regeln. Generationenübergreifende Wohnprojekte sind deutschlandweit im Kommen. Vor allem Baugenossenschaften setzen auf das Konzept einer Gemeinschaft aus Älteren und Jüngeren. Doch das Zusammenleben muss gut organisiert sein, denn es ist ein Geschäft auf Gegenseitigkeit. Süddeutsch Ztg 74(275):23. (SZ Spezial – gemeinschaftliches Wohnen)
Popcorn F, Marigold L (1999) Clicking. Der neue Popcorn Report. Die neuesten Trends für unsere Zukunft, 2. Aufl. Wilhelm Heyne, München
von Rosenstiel L (2007) Grundlagen der Organisationspsychologie. Basiswissen und Anwendungshinweise. Schäffer-Poeschel, Stuttgart
Trommsdorff V (2009) Konsumentenverhalten, 7. Aufl. Kohlhammer, Stuttgart
Wiswede G (1991) Einführung in die Wirtschaftspsychologie. Ernst Reinhardt, München/Basel

2

Ausgewählte Familienstrukturen: Eine Momentaufnahme

Darum geht es In diesem Kapitel stehen grundlegende Strukturdaten über Familien und darauf aufbauende Hintergrundanalysen anhand öffentlich zugänglicher Zahlen im Vordergrund. Beantwortet werden kurz und knapp spannende Fragen: Wie viele Familien mit Kindern es überhaupt gibt in Deutschland, wo sie wohnen, wie viele Kinder bzw. Familienmitglieder sie haben, was an Einkommen netto im Monat zur Verfügung steht, wie hoch die Konsumausgaben für Kinder sind und was dafür in erster Linie gekauft wird, was erwachsene Familienmitglieder für sich bzw. die Familie insgesamt kaufen uvm. Dies ermöglicht aktuellen und künftigen Anbietern ein erstes realistisches Bild der Kauf- und Konsumbedingungen von Familien und Familienmitgliedern.

2.1 Familienstrukturen im Überblick

Als dynamische Gruppen in sich wandelnden Lebensphasen sind Familien statistisch schwer zu greifen. Einerseits sind Vereinfachungen nötig, wie eine Konzentration auf Familien mit minderjährigen Kindern/Jugendlichen (Kap. 1). Andererseits führt die Wandelbarkeit von Familien

zu kurzlebigen strukturellen Erkenntnissen. Ein Blick auf die Familien-
strukturen einer Gesellschaft kann daher stets nur eine Momentaufnahme zu den Zeitpunkten der Recherche sein. Zur ersten Orientierung
und als Ausgangsgröße für weitere Betrachtungen: Insgesamt gibt es in
Deutschland rund 8,2 Millionen Familien (Jahr 2016) mit Kindern unter 18 Jahren – und zwar inklusive Familien mit Migrationshintergrund,
die 2,7 Millionen bzw. 33 % ausmachen (vgl. Destatis 2017, S. 122
und 127).

2.1.1 Art des Zusammenlebens

Über zwei Drittel (rund 69 %) der Familien mit Kindern unter 18 Jahren
sind solche, in denen die Eltern als Ehepaar zusammenleben – es folgen
Alleinerziehenden-Familien (rund 20 %) sowie Familien, in denen die
Eltern als nichteheliche Gemeinschaft zusammenleben (11 %).[1] Bei den
Alleinerziehenden-Familien leben minderjährige Kinder meistens bei der
Mutter (89 %), seltener (11 %) beim Vater (vgl. Destatis 2017, S. 121).

2.1.2 Bevorzugte Wohnorte

Die Mehrheit der Familien mit Minderjährigen (über 60 %) lebt in kleinen bis mittelgroßen Kommunen (zwischen unter 5000 bis unter 50.000
Einwohnern) oder in Großstädten (mehr als 16 %) mit über 500.000
Einwohnern (vgl. Destatis 2017, S. 122). Als Ehepaar zusammenlebende
Eltern neigen zu kleineren Städten bis unter 50.000 Einwohnern (fast
63 %); Alleinerziehenden-Familien wohnen häufiger in größeren Städten
über 50.000 Einwohnern (44 %) oder bevorzugen Metropolen ab
500.000 Einwohnern – im Vergleich zu anderen Familienformen sind sie
dort mit fast 20 % überdurchschnittlich häufig bzw. relativ am stärksten
vertreten (vgl. Destatis 2017, S. 123 und 125).

---

[1] Eigene Berechnung nach Destatis 2017, S. 121 ff.; Werte gerundet. Familien mit Migrationshintergrund und Kindern unter 18 Jahren sind zu rund 78 % Ehepaar-Familien, 15 % sind Alleinerziehenden-Familien, rund 7 % sind Lebensgemeinschaften.

2.1.3 Anzahl der Kinder und Familienmitglieder

Die meisten Familien mit Kindern unter 18 Jahren haben ein Kind (52 %), zwei (37 %) oder höchstens drei Kinder (9 %) – vier Kinder sind eher selten (2 %), fünf Kinder und darüber hinaus haben weniger als 1 % der Familien (vgl. Destatis 2017, S. 122). Bei verheirateten Eltern als dominierender Familienform ist das Bild tendenziell ähnlich: 46 % (ein Kind), 41 % (zwei Kinder), 10 % (drei Kinder), 2 % (vier Kinder), unter 1 % (fünf und mehr Kinder) (vgl. Destatis 2017, S. 123). Deutlich wird, dass mehrere Kinder eher bei verheirateten Eltern leben. Alleinerziehende haben meistens ein Kind (über 67 %) oder zwei Kinder (26 %) unter 18 Jahren, ähnlich Lebensgemeinschaften (65 % ein Kind, 28 % zwei Kinder) (vgl. Destatis 2017, S. 124). Migranten-Familien weisen auch hier strukturell ähnliche Werte wie alle Ehepaare mit Kindern auf (52 % ein Kind, 37 % zwei, 9 % drei Kinder). Da Familien mit Migrationshintergrund überwiegend aus Ehepaaren mit minderjährigen Kindern bestehen, war dies erwartbar. Familien mit minderjährigen Kindern haben im Schnitt 3,59 Familienmitglieder – es gibt also fast 30 Millionen Familienmitglieder (vgl. Destatis 2017, S. 123).

2.1.4 Alter der Kinder

Quer durch alle Familienformen liegt der Altersschwerpunkt minderjähriger lediger Kinder bei 10 bis unter 15 Jahren, wie Tab. 2.1 verdeutlicht (vgl. Destatis 2017, S. 122 ff.). Der höchste relative Anteil bei unter einjährigen Kindern findet sich bei (nicht-ehelichen bzw. gleichgeschlechtlichen) Lebensgemeinschaften sowie bei Familien mit Migrationshintergrund (Tab. 2.1).

Familien mit Minderjährigen haben größtenteils ihre jüngsten Kinder im Schulalter (Sekundarstufe I sowie Primarstufe), sie sind zwischen 10 bis unter 15 Jahre (24 %) bzw. von 6 bis unter 10 Jahren alt (19 %) (vgl. Destatis 2017, S. 122).

Es folgen bei den Nachzüglern Kindergartenkinder von 3 bis unter 6 Jahren (17 %), Kleinkinder zwischen ein und unter drei Jahren (16 %) sowie Jugendliche (zur Definition s. Abschn. 3.3) zwischen 15 bis unter

Tab. 2.1 Altersverteilung lediger Kinder unter 18 Jahren nach Familienform. Datenquellen: Destatis 2017, S. 122, eigene Berechnungen

Alter (von/ bis unter)	Familien insgesamt	Ehepaare mit Kindern	Alleinerziehenden-Familien	Lebensgemeinschaften[a]	Familien mit Migrationshintergrund
15–18	18 %	18 %	24 %	11 %	16 %
10–15	26 %	26 %	30 %	18,98 %[b]	25 %
6–10	21 %	21 %	21 %	19,07 %[b]	22 %
3–6	17 %	17 %	14 %	18,89 %[b]	18 %
1–3	12 %	12 %	8 %	19,24 %[b]	13 %
Unter 1	6 %	6 %	4 %	13 %	7 %

Anmerkungen: Werte gerundet
[a]Nicht-ehelich und gleichgeschlechtlich
[b]Absolute Werte dicht hintereinander

18 Jahren (15 %) und Kinder unter einem Jahr (9 %) als jeweils jüngstes Kind (vgl. Destatis 2017, S. 122 f.).

2.2 Einnahmen

Familien mit minderjährigen Kindern haben für Kauf und Konsum sowohl unterschiedliche Geldbudgets als auch spezifische Zahlungspflichten. Daher soll hier ein vereinfachter Blick auf die generellen finanziellen Möglichkeiten erfolgen und das Nettoeinkommen der Familie betrachtet werden. Dieses ist definiert als Summe der persönlichen Einkünfte aller Familienmitglieder „ohne Steuern und Sozialversicherungsbeiträge" (Destatis 2017, S. 22 f.). Grundsätzlich bietet das Nettoeinkommen eine Fülle an Kauf- bzw. Ausgabemöglichkeiten, über die die Familie selbst entscheidet.

Ein erster Blick auf die Kaufkraft von Familien ist möglich. Allerdings bleibt dieser hier oberflächlich, weil beispielsweise regionale Preis- und Lohnunterschiede, Tilgungsleistungen, Kreditaufnahmen etc. nicht beachtet werden. Je nach volks-/betriebswirtschaftlichen Standpunkten oder Zielsetzungen liegen verschiedene Definitionen vor. Besonders bedeutsam sind Kaufkraftanalysen mit Kennzahlen im Einzelhandel, etwa um Städte mittels Abweichungen vom bundesweiten Durchschnitt vor Investitionen zu vergleichen. Definitions-Beispiel: Kaufkraft ist die „Geldsumme, die einem Wirtschaftssubjekt je Zeiteinheit zur Verfügung steht (Einkommen zuzüglich aufgenommenem Kredit abzüglich zu tilgender Schulden)", o. V. 1988, S. 2788. Was unterm Strich für Konsumausgaben zur Verfügung steht, greift Abschn. 2.3 auf. An dieser Stelle steht im Vordergrund, auf welche Einkommensgruppen sich verschiedene Familientypen prozentual verteilen. Danach liegt der Fokus darauf, welche grundsätzliche Kaufkraft sich durch die jeweilige Anzahl der Familien pro Einkommensgruppe ergibt. Die absoluten Zahlen der einzelnen Familien werden bei der Berechnung zugrunde gelegt, jedoch hier nicht im Einzelnen explizit aufgeführt (vgl. dazu Destatis 2017, S. 122 ff.).

Das monatliche Nettoeinkommen von Familien mit Kindern unter 18 Jahren schwankt schwerpunktmäßig (75 %) zwischen 2000 und über 4500 Euro pro Monat – rund 23 % der Familien mit Kindern unter 18 Jahren haben allerdings im Monat weniger als 2000 Euro netto zur Verfügung (vgl. Destatis 2017, S. 122 sowie Tab. 2.2). Tab. 2.2 zeigt zudem, dass Alleinerziehenden-Familien in der Mehrzahl der Fälle besonders wenig verdienen – etwa 67 % haben weniger als 2000 Euro netto im Monat.

Tab. 2.2 Nettoeinkommensverteilung (Familien mit Kindern unter 18 Jahren). Datenquellen: Destatis 2017, S. 122 ff., eigene Berechnungen

Netto-Einkommen (von/bis unter) in EUR[a]	Familien insgesamt	Ehepaare mit Kindern	Alleinerziehenden-Familien	Lebensgemeinschaften[b]	Familien mit Migrationshintergrund
4500 u. mehr	22 %	28 %	2 %	18 %	14 %
3200–4500	24 %	29 %	6 %	28 %	21 %
2600–3200	15 %	16 %	8 %	19 %	16 %
2000–2600	14 %	14 %	16 %	18 %	18 %
1700–2000	6 %	4 %	13 %	7 %	9 %
1500–1700	4 %	2 %	11 %	3 %	5 %
1300–1500	4 %	2 %	13 %	3 %	5 %
900–1300	6 %	2 %	22 %	2 %	7 %
500–900	2 %	0,4 %	6 %	–	2 %
<500	0,5 %	0,2 %	2 %	–	0,5 %

Anmerkungen: Werte gerundet
[a]Nettoeinkommen der Familie/Lebensform pro Monat
[b]Nicht-eheliche und gleichgeschlechtliche Lebensgemeinschaften

Bei den Migranten-Familien haben rund ein Drittel weniger als 2000 Euro netto.

Wird die Anzahl der Familien mit den jeweiligen Einkommensgruppen multipliziert, ergeben sich beachtliche Kaufkraftpotenziale: Fast 2 Millionen Familien mit Kindern unter 18 Jahren insgesamt haben beispielsweise ein Nettoeinkommen von mindestens 3200 Euro. Daraus folgt ein grundsätzliches Kaufkraftvolumen von 6,4 Milliarden Euro pro Monat (Berechnung: 3200 Euro x 2 Millionen Familien). Wie sich die potenziellen Kaufkraftvolumina bei den verschiedenen Familienformen je nach Einkommensgruppe darstellen, verdeutlicht Tab. 2.3. Das Mindesteinkommen bezieht sich auf die genannten Spannbreiten. Lesebeispiel: Alle Familien zwischen 3200 bis unter 4500 Euro haben mindestens 3200 Euro netto im Monat. Tab. 2.3 konzentriert sich auf die o. g. Schwerpunkteinkommen (mindestens 2000 bis mindestens 4500 Euro).

Tab. 2.3 offenbart zum Beispiel, dass Familien mit Kindern unter 18 Jahren insgesamt bei den ausgewählten Mindest-Nettoeinkommens-Gruppen mit kumuliert rund 20 Milliarden Euro im Monat bzw. 240 Milliarden Euro pro Jahr grundsätzlich über eine enorme Kaufkraft verfügen.

Mehrheitlich beziehen Familien mit Kindern unter 18 Jahren ihre Einkommen aus eigener Berufstätigkeit (über 85 %), knapp 9 % erhalten

Tab. 2.3 Kaufkraftvolumen netto nach Familienform. Datenquellen: Destatis 2017, S. 122 ff., eigene Berechnungen

| Einkommensgruppe[a] in EUR | Kaufkraftvolumen netto in Tausend EUR pro Monat | | | | |
	Familien insgesamt	Ehepaare mit Kindern	Alleinerz. Familien	Lebensgemeinschaften[b]	Familien m. Migrationshintergrund
4500	8.000.000	7.100.000	167.000	711.000	1.700.000
3200	6.400.000	5.300.000	2.900.000	784.000	1.800.000
2600	3.200.000	2.400.000	320.000	434.000	1.100.000
2000	2.400.000	1.500.000	520.000	308.000	994.000
Total pro Monat	20.000.000	16.300.000	3.907.000	2.237.000	5.594.000
Total p. a.	240.000.000	195.600.000	46.884.000	26.844.000	67.128.000

Anmerkungen: Werte gerundet
[a]Mindest-Nettoeinkommen der Familie/Lebensform pro Monat
[b]Nicht-eheliche und gleichgeschlechtliche Lebensgemeinschaften

Transferleistungen (Arbeitslosengeld, „Hartz IV"), weniger als 1 % erhalten „Elterngeld" als „Lebensunterhalt" (Destatis 2017, S. 122). Das Familien-Einkommen insgesamt (netto) steigt im Schnitt mit der Anzahl und dem Alter der Kinder seit Jahren (vgl. Destatis 2014, S. 28 ff. sowie Münnich 2006, S. 645 f.). Dies gilt auch für Alleinerziehende, bei denen jedoch die Zuwächse geringer ausfallen als bei Paar-Familien. Die Steigerungen sind bei allen Familienformen allerdings vielfach auf Kindergeldzahlungen bzw. Kindergeld-Erhöhungen zurückzuführen (vgl. Münnich 2006, S. 645).

2.3 Ausgaben

Der Blick auf das Nettoeinkommen bzw. das hochgerechnete Kaufkraftvolumen zeigt Potenziale für Unternehmen. Außen vor bleiben aber – wie bereits angedeutet – beispielsweise Ersparnisse, zusätzliche Einnahmen (zum Beispiel durch private Verkäufe) sowie weitere Abgaben (Beiträge, Zinsen etc.). Offenbar steigen seit Jahren beispielsweise die Ausgaben für Versicherungen – einschließlich Renten-/Krankenversicherungen (Münnich 2006, S. 646). Bemerkbar macht sich die Zahl der Kinder: Sowohl die Pro-Kopf-Nettoeinkommen wie auch die Pro-Kopf-Ausgaben für privaten Konsum sinken mit zunehmender Kinderzahl – offensichtlich können Erwachsene ihr Konsumniveau nicht halten, sobald Kinder da sind (vgl. Münnich 2006, S. 646 und 648). Um die Kinderbedürfnisse zu befriedigen, ändert sich häufig das Kauf-und Konsumverhalten der Erwachsenen – sie müssen eher preisgünstiger einkaufen und/oder auf zuvor konsumierte Waren oder Dienstleistungen verzichten (vgl. Münnich 2006, S. 646). Der Familien tatsächlich für Konsumausgaben zur Verfügung stehende Betrag liegt also unter dem Wert des Nettoeinkommens. In Familien mit bis zu drei Kindern unter 18 Jahren, in denen die Eltern als Paar zusammenleben, zeigt sich strukturell: Die durchschnittlichen (einfaches arithmetisches Mittel) privaten Konsumausgaben liegen fast 30 % unter dem Nettoeinkommen, d. h. rund 70 % des Nettoeinkommens werden im Schnitt pro Monat konsumiert (vgl. Destatis 2014, S. 28; eigene Berechnungen). Die Ersparnis liegt bei 14,5 % (vgl. Destatis 2014, S. 28; eigene Berechnungen). Da

Familien schwerpunktmäßig bis zu drei (Paar-Familien) bzw. bis zu zwei Kinder (Alleinerziehende) haben, beschränkt sich die weitere Untersuchung auf diese.

In Alleinerziehenden-Familien mit bis zu zwei Kindern werden dagegen im Schnitt rund 90 % des monatlichen Nettoeinkommens konsumiert, gespart werden kann nur etwas über 4 % des Nettoeinkommens (vgl. Destatis 2014, S. 30; eigene Berechnungen). Das ohnehin schon geringere Nettoeinkommen dieser Gruppe wird also fast vollständig konsumiert. Paare mit einem Kind verwenden pro Monat über 21 % der Konsumausgaben für ihr Kind – Paare mit zwei Kindern rund 33 % für beide Kinder, Paare mit drei Kindern über 42 % für alle drei Kinder (Destatis 2014, S. 32). Daraus folgt:

> **Paar-Eltern** geben pro Kopf mit wachsender Kinderzahl immer weniger für das einzelne Kind aus – bei zwei Kindern über 16 % je Kind, bei drei Kindern knapp über 14 % je Kind.

Zur besseren Veranschaulichung: Lägen die Konsumausgaben im Monat bei 100 Euro für den gesamten Haushalt (Paarfamilie), entfielen auf ein Einzelkind über 21 Euro, auf je ein Kind von Zweien über 16 Euro, auf je ein Kind mit zwei Geschwistern nur knapp über 14 Euro.

Alleinerziehende mit einem Kind verwenden für dieses 34,5 % ihrer Konsumausgaben, bei zwei Kindern sind es 46,5 % für beide (pro Kind über 23 %) (Destatis 2014, S. 32). Zu beachten ist bei Alleinerziehenden aber der kleinere Konsumausgaben-Kuchen, beispielsweise bei zwei Kindern, wie eigene Berechnungen auf der Datenbasis von Destatis (2014, S. 32) zeigen: Statt 100 Euro wie bei Paarfamilien mit zwei Kindern, sind hier nur rund 64 Euro möglich (Faktor 1,564). Dennoch sind bei zwei Kindern fast 15 Euro je Kind (statt 16 bei Paaren) drin. Das heißt:

> **Alleinerziehenden-Familien** mit zwei Kindern geben offensichtlich je Kind fast genauso viel aus wie Paare mit zwei Kindern (Tab. 2.4 und 2.5), haben aber erheblich weniger Mittel zur Verfügung. Und müssen folglich an anderer Stelle sparen.

Tab. 2.4 Monatliche Konsumausgaben für Kinder, Beispiel-Jahr 2008. Datenquellen: Destatis 2014, S. 28 ff., eigene Berechnungen

Konsumausgaben (KA) je Monat	Familienform					
	Paare[a] mit 1 Kind		Paare mit 2 Kindern		Paare mit 3 Kindern	
	%	EUR	%	EUR	%	EUR
Insgesamt	100	2730	100	3145	100	3426
Für Kind(er)	21,4	584	32,7	1029	42,3	1451
KA je Kind	21,4	584	16,36	514,5	14,1	483,7
Nach Produkten/Leistungen[b]:						
KA für Kinder (total)	100	584	100	1029	100	1451
Nahrung/Getränke	19,3	113	20,5	211	20,9	303
Bekleidung/Schuhe	8,4	49	7,8	80	7,2	104
Wohnen/Energie	21,9	128	23,2	239	24,3	353
Haushaltsgeräte /-gegenstände	5,2	30	5,0	51	4,6	67
Gesundheit	4,4	26	4,2	43	3,6	52
Verkehr	8,3	48	7,1	73	10,8	157
Kommunikation	4,2	25	3,5	36	3,2	46
Freizeit/Kultur	14,9	87	15,8	163	14,9	216
Bildung	4,5	26	4,4	45	3,4	49
Beherbergung	4,5	26	4,9	50	4,2	61
Sonstiges	4,4	26	3,6	37	3,0	44

Anmerkungen: Kinder unter 18 Jahren. Werte gerundet
[a]Ehepaare u. a.
[b]Bezeichnungen verkürzt, ausführlich siehe Destatis 2014, S. 33, hier Kommunikation statt „Nachrichtenübermittlung"

Dass die Ausgaben für ein Kind oft höher sind als je Kind bei Familien mit mehreren Kindern liegt auch daran, dass für Einzelkinder in der Regel höhere Kosten für die Erstausstattung (Baby-Zubehör, Bekleidung) anfallen (vgl. Münnich 2006, S. 650). Diese Produkte werden in Mehrkind-Familien häufig für weitere Kinder genutzt. Auffallend ist:

Je älter die Kinder werden, umso mehr nehmen auch die monatlichen Konsumausgaben zu – dies gilt zumindest für Paare mit einem Kind (vgl. Münnich 2006, S. 652).

Was kaufen die Eltern für ihre Kinder? Der größte Ausgabenkomplex sind die Wohnungs- und Energiekosten. Da diese in der Realität vermutlich

Tab. 2.5 Monatliche Konsumausgaben für Kinder von Alleinerziehenden. Daten-quellen: Destatis 2014, S. 28 ff., eigene Berechnungen

Konsumausgaben (KA) je Monat	Alleinerziehenden-Familien			
	Mit 1 Kind		Mit 2 Kindern	
	%	EUR	%	EUR
Insgesamt	100	1617	100	2011
Für Kind(er)	34,5	558	46,5	936
Konsumausgaben je Kind	34,5	558	23,3	468
Nach Produkten/Leistungen[a]:				
KA für Kinder (total)	100	558	100	936
Nahrung/Getränke	20,1	112	22,7	212
Bekleidung/Schuhe	7,3	41	7,3	68
Wohnen/Energie	29,6	165	29,4	275
Haushaltsgeräte/-gegenstände	4,6	26	4,1	38
Gesundheit	3,6	20	3,3	31
Verkehr	7,0	39	6,5	61
Kommunikation	5,4	30	4,9	46
Freizeit/Kultur	12,1	68	12,9	121
Bildung	2,8	16	2,0	19
Beherbergung	3,5	20	2,9	27
Sonstiges	4,0	22	3,9	37

Anmerkungen: Beispiel-Jahr 2008. Kinder unter 18 Jahren. Werte gerundet
[a]Bezeichnungen verkürzt, ausführlich siehe Destatis 2014, S. 33, hier Kommunikation statt „Nachrichtenübermittlung"

nur selten direkt auf die Kinder umgelegt werden, soll dieser Bereich hier weniger beachtet werden. Vergleichsweise hoch sind auch die Ausgaben für die Grundbedürfnisse Nahrung/Getränke, für Artikel oder Dienstleistungen der Freizeitgestaltung, Unterhaltung und Kultur (darunter Spielzeug/ Spiele, Bücher/Zeitschriften, Schreibwaren) sowie für Verkehrsleistungen, wie die Tab. 2.4 für Paarfamilien im Beispieljahr 2008 verdeutlicht. An Bedeutung zunehmen dürften die Ausgaben für Kommunikation (Handy bzw. Telekommunikationsverträge etc.).

Bei Alleinerziehenden zeigt sich das in Tab. 2.5 dargestellte Bild.

Wie unterscheiden sich die Familientypen mit zwei Kindern grundsätzlich in einzelnen Konsumbereichen? Beim Vergleich beider Gruppen fällt auf:

- Paar-Eltern mit zwei Kindern geben für diese mehr für Kleidung/ Schuhe, Haushaltsgegenstände, Gesundheit (darunter Medikamente,

Arzthonorare und Therapieerzeugnisse), Verkehrsleistungen, Freizeit/ Kultur, Bildung und Beherbergungsleistungen (Hotel, Gaststätten) aus als Alleinerziehende. Die Ausgaben für Bildung (darunter Kinderbetreuung, Nachhilfe, Kursgebühren) sind gegenüber Alleinerziehenden-Familien sogar mehr als doppelt so hoch.

- Alleinerziehende mit zwei Kindern geben für ihre Kinder mehr für Nahrung/Getränke und für Kommunikationsleistungen („Nachrichtenübermittlung") aus als Paare mit zwei Kindern.

Zieht man von den Konsumausgaben den Kinderanteil ab, bleibt das übrig, was die erwachsenen Familienmitglieder (für sich bzw. die Familie insgesamt) ausgeben (können). Die Ausgaben von Erwachsenen unterscheiden sich maßgeblich von den anderen Familien-Konsumausgaben. Sowohl Paare wie Alleinerziehende geben für sich tendenziell

- weniger für Bekleidung/Schuhe, Bildung aber auch für Freizeit/Unterhaltung/Kultur aus als für ihre Kinder,
- mehr für die Bereiche Wohnen/Instandhaltung/Energie, Wohnungsinnenausstattung bzw. Haushaltsgeräte und -gegenstände sowie für Verkehr und teilweise auch für Hotels/Gaststätten aus (vgl. Destatis 2014, S. 33).

Literatur

Destatis (Hrsg) (2014) Konsumausgaben von Familien für Kinder. Berechnungen auf der Grundlage der Einkommens- und Verbraucherstichprobe 2008, Wiesbaden: Statistisches Bundesamt. https://www.destatis.de/GPStatistik/servlets/ MCRFileNodeServlet/DEHeft_derivate_00031121/KonsumausgabenFamilienKinder5632202089004.pdf. Zugegriffen am 18.09.2017, 12:47 Uhr
Destatis (Hrsg) (2017) Bevölkerung und Erwerbstätigkeit 2016. Haushalte und Familien, Ergebnisse des Mikrozensus, Fachserie 1, Reihe 3. Statistisches Bundesamt, Wiesbaden. https://www.destatis.de/GPStatistik/servlets/MCRFileNodeServlet/DEHeft_derivate_00032758/2010300167004.pdf. Zugegriffen am 04.08.2017, 11:40 Uhr

Münnich M (2006) Einkommensverhältnisse von Familienhaushalten und ihre Ausgaben für Kinder. Berechnungen auf der Grundlage der Ergebnisse der Einkommens- und Verbrauchsstichprobe 2003. Wirtschaft und Statistik, Nr. 6. Statistisches Bundesamt, Wiesbaden, S 644–670. https://www.destatis.de/GPStatistik/servlets/MCRFileNodeServlet/DEAusgabe_derivate_00000043/1010200061064.pdf. Zugegriffen am 26.05.2017, 10:58 Uhr

o. V (1988) Kaufkraft. In: Gabler Wirtschafts-Lexikon, Bd. 3 G – K, 12. Aufl. Betriebswirtschaftlicher Verlag Dr. Th. Gabler, Wiesbaden, S 2788

3

Einfluss und Entscheidung

Darum geht es Dieses Kapitel beschäftigt sich mit dem Zusammenspiel einzelner Familienmitglieder (Eltern, Kinder, Jugendliche, Frauen, Männer, Töchter, Söhne usw.) bei Kauf und Konsum, aber auch wieder mit der Familie als Gruppe. Dazu werden ausgewählte Forschungsergebnisse analysiert und vorgestellt. Wie entscheiden Familien eigentlich? Wer nimmt Einfluss? Wann wird entschieden, und wie lange kann es dauern? Wie oft kaufen Familienmitglieder für andere ein? Was wird individuell, was kollektiv entschieden? Was gilt bei hochpreisigen Waren, was bei Niedrigpreis-Artikeln? Viele Unternehmer und Führungskräfte im Familien-Markt stehen genau vor solchen Fragen, wollen wissen, wie Kauf und Konsum in Familien ablaufen, um sie als Kunden zu gewinnen und zu halten. Hier finden Sie erste Antworten.

3.1 Vorbemerkungen

In den ersten beiden Kapiteln (Kap. 1 und 2) wurden erste Tendenzen im Kauf- und Konsumverhalten von Familien mit Kindern deutlich. Nun folgt ein qualitatives Vertiefen. Vorauszuschicken ist: Bereits beim

© Springer Fachmedien Wiesbaden GmbH, ein Teil von Springer Nature 2020
F. Ternow, *Familien als Kunden gewinnen*,
https://doi.org/10.1007/978-3-658-28608-8_3

Auseinandersetzen mit dem Familienbegriff in Kap. 1 wurde augenfällig, wie vielfältig Familien sind. Der Blick von außen muss daher zwangsläufig an Erkenntnisgrenzen stoßen. Die im Folgenden sichtbar werdenden Untersuchungsergebnisse geben allerdings Hinweise, welche Prozesse wahrscheinlich in vielen Familien so oder ähnlich ablaufen und zu bestimmten Handlungen führen. Sichtbar werden u. a. Individuen mit eigenem Informationssuchverhalten, Verantwortungsbewusstsein sowie singulären Nutzen- und Rollenerwartungen und ihr Zusammenspiel mit den anderen Familienmitgliedern.

Nachfolgend werden maßgebliche Erkenntnisse zum Kauf- und Konsumverhalten von Familien anhand von Oberbegriffen pointiert aufgeführt. Diese sind:

• Partner, Rollen und Konflikte,
• Kinder, Jugendliche und ihr Verhältnis zu den Eltern sowie
• rein familiäre Kaufentscheidungen.

3.2 Partner, Rollen und Konflikte

Das Verhältnis der Ehe- oder Lebenspartner bildet die Grundlage aller familiären Kauf- und Konsumaspekte: Ihr Umgang miteinander, das jeweilige Verhalten im Rahmen der Familie als Gruppe insgesamt sowie gegenüber Kindern und anderen Familienmitgliedern (s. Abschn. 3.2.7 und 3.4.2). Die Partner sind dabei selbst geprägt von Sachzwängen, Erwartungen, Beziehungsfragen uvm., was sich wiederum auf Entscheidungen bzw. Kauf und Konsum auswirken kann. Wie verhalten sich Männer und Frauen, wer setzt sich durch, wann entstehen Konflikte und wie werden sie gelöst? In verdichteter Form dazu wesentliche Aspekte.

3.2.1 Männer

Die Informationssuche vor dem Kauf ist bei Männern intensiver als bei anderen Familienmitgliedern (vgl. Dahlhoff 1980, S. 247). Als Väter dominieren sie oft gemeinsame Entscheidungen (vgl. Hubel 1986, S. 208).

Allerdings dürfte sich die Entscheiderrolle heute vielfach relativieren, wie noch zu sehen sein wird. Männer erteilen häufig Fremdkaufaufträge, häufiger als Frauen (vgl. Kaapke und Knol 2008, S. 25 f.).

3.2.2 Frauen

Da (auch verheiratete) Frauen zunehmend berufstätig sind, erhöhen sie entweder das Gesamteinkommen der Familie bzw. vermindern eventuelle Engpässe (Kroeber-Riel et al. 2009, S. 482). Oder sie erzielen heute als einzige erwerbstätige Person einer Familie das Haupteinkommen. Entsprechend wahrnehmbar ist ihre Einflussposition. Frauen beeinflussen stark die Kaufentscheidungen von typischen „Männerprodukten", also eher technisch oder handwerklich nutzbare Artikel (Dahlhoff 1980, S. 33). Allerdings beeinflussen sie bei „langlebigen" technischen Gütern (z. B. Autokauf) eher die generelle „Produktwahl" und weniger die Marke (Böcker 1987, S. 17). Als Mütter haben sie den größten Einfluss auf die „Markenbindung" ihrer Kinder (Esch und Gawlowski 2013, S. 314). Frauen kaufen am häufigsten als Fremdkäufer – und zwar primär „familienintern" – für andere ein, d. h. für den Ehe- oder Lebenspartner, die eigenen Eltern und Kinder (Kaapke und Knol 2008, S. 20).

3.2.3 Dominanz und/oder Kooperation

Ob sich eher Frauen oder Männer bei Kauf- und Konsumentscheidungen durchsetzen – dazu gibt es kein eindeutiges Bild. Einerseits zeigen Untersuchungen, dass der Einfluss des Mannes bei Ehepaaren ohne Kinder zwar größer ist, zugleich aber auch, dass mit dem Hinzukommen von Kindern dieser wieder schwindet (vgl. Hubel 1986, S. 210). Andererseits gibt es auch Paare ohne Kinder, die mehr gemeinsam entscheiden als Paare mit Kindern, bei denen wiederum der Mann dominiert – wofür es ebenso Hinweise gibt (vgl. Kroeber-Riel et al. 2009, S. 505). Ferner deutet sich an, dass mit steigender Ehedauer vielfach Frauen dominanter werden. Bei älteren Paaren, bei denen die Kinder bereits ausgezogen sind, dominieren offenbar die Frauen (vgl. Hubel 1986, S. 87 und 210). Vermutlich ist in vielen Fällen letztlich die Persönlichkeit und die körperliche wie geistige Konstitution des jeweiligen Partners ausschlaggebend, wer sich durchsetzt – oder es wird kooperativ entschieden. Für den letzteren Fall spricht, dass selbst kulturelle Unterschiede oftmals nicht allzu sehr ins Gewicht fallen und stattdessen vieles gemeinsam angeregt, bedacht oder entschieden wird. Darauf deuten etwa die Ergebnisse von Schneider et al. (2010, S. 164 ff.) hin, beispielhaft bei ausgewählten türkischen (als tendenziell patriarchalisch verorteten) wie deutschen (als egalitär angesehenen) Familien. Die Untersuchung beschränkt sich allerdings auf Berlin, Hamburg sowie Istanbul und ist nicht repräsentativ. Die Autoren verfolgen einen Drei-Kaufphasen-Ansatz („Anregungs-, Informationsund Entscheidungsphase"). Im Einzelnen ergibt sich das in Tab. 3.1 dargestellte Bild (s. auch Schneider et al. 2010, S. 169 f.).

Beim näheren Betrachten der Tab. 3.1 fällt auf: Bei elf Produktkategorien in drei Phasen gibt es jeweils 33 deutsche und türkische, insgesamt also 66 paarbezogene familiäre Entscheidungs- bzw. Anregungs- und

Tab. 3.1 Einzel-/Gemeinschaftsentscheidungen bei Ehepaaren nach Land. (Eigene Darstellung in Anlehnung an Schneider et al. 2010, S. 169 f.; mit freundlicher Genehmigung von © Verlage C. H. Beck/Vahlen, München 2010. All Rights Reserved)

Ausgewählte Produkte/ Leistungen	Kaufphase					
	Anregen		Informieren		Entscheiden	
	Dtl.[a]	Türkei[b]	Dtl.	Türkei	Dtl.	Türkei
Keine Unterschiede:						
Freizeitgestaltung	Gemein	Gemein	Gemein	Gemein	Gemein	Gemein
Geldanlage	Gemein	Gemein	Gemein	Gemein	Gemein	Gemein
Herrenbekleidung	Mann	Mann	Mann	Mann	Mann	Mann
Urlaubsreise	Gemein	Gemein	Gemein	Gemein	Gemein	Gemein
Wohnsitz	Gemein	Gemein	Gemein	Gemein	Gemein	Gemein
Computer	Mann	Mann	Mann	Mann	Mann	Mann
Leichte Differenzen:						
Lebensmittel	Frau	Frau	Frau	Frau	Gemein	Frau
Möbel	Gemein	Gemein	Gemein	Frau	Gemein	Gemein
Pkw	Mann	Mann	Mann	Mann	Gemein	Mann
Fernseher	Mann	Gemein	Mann	Mann	Gemein	Gemein
Deutliche kulturelle Unterschiede						
Waschmaschine	Gemein	Frau	Mann	Frau	Gemein	Frau

Anmerkungen: Mann = Ehemann dominiert; Gemein = gemeinsam; Frau = Ehefrau dominiert
[a]Dtl. = Deutschland, i. e. S. Berlin/Hamburg
[b]Türkei, i. e. S. Istanbul

Informationsfälle. Mit „Fällen" sind hier nicht die Fallgrößen bzw. -zahlen der Erhebung gemeint, sondern allein die Häufigkeit in der Tab. 3.1. Überwiegend handeln die Paare danach kooperativ (36 Fälle oder 54 %), in rund einem Drittel der Fälle (21-mal) dominiert der Mann. In deutschen Familien zeigt sich:

• Kaufanregungen gehen überwiegend von Paaren gemeinsam aus (55 % bzw. 6 Fälle von 11) oder der Mann regt zum Kauf an (36 %, 4 Fälle). Sehr selten ist es die Frau alleine, die Käufe anregt (9 %, 1 Fall) und wenn, dann bei Lebensmitteln.
• Sich über Produkte zu informieren – dies erfolgt in Deutschland zu gleichen Teilen gemeinsam oder durch den Mann (je 45 % oder 5 Fälle von 11). Auch in dieser Phase sind es selten ausschließlich die Frauen, die sich über Waren und Dienstleistungen eine Meinung bilden (9 %, 1 Fall) – wenn, dann auch hier bei Lebensmitteln.
• Reine Kaufentscheidungen erfolgen meistens gemeinsam (82 %, 9 Fälle), seltener durch den Mann (18 %, 2 Fälle, beschränkt auf Herrenbekleidung und Computer).

Im Vergleich mit türkischen Familien fällt auf: Türkische Paare „machen" zwar weniger gemeinsam als deutsche (48 %, 16 Fälle statt 61 %, 20 Fälle bei deutschen). Dafür sind die Frauen (21 %, 7 Fälle) – entgegen der Erwartung einer vermeintlich patriarchalischeren Gesellschaft – möglicherweise aktiver als deutsche (6 %, 2 Fälle), während die Position der Männer ähnlich ist wie in Deutschland (30 %, 10 Fälle zu 33 %, 11 Fälle in Deutschland). In türkischen Familien gilt in der

• „Anregungsphase": 55 % gemeinsame Kaufanregung (6-mal), 27 % Mann (3-mal), 18 % Frau (2 Fälle).
• „Informationsphase": Hier zeigt sich ein eher ausgewogenes Bild mit gemeinschaftlich oder männlich (je 36 %, 4 Fälle) bzw. weiblich (27 %, 3 Fälle) dominierter Informationssuche/-auswertung.
• „Entscheidungsphase": Die reine Kaufentscheidung erfolgt zwar überwiegend kooperativ (55 %, 6 Fälle). Nahe beieinanderliegende männliche (27 %, 3 Fälle) und weibliche Fälle (18 %, 2 Fälle) deuten aber darauf hin, dass hier beide Geschlechter ihre Entscheidungsdomänen haben.

Doch obwohl die Untersuchung von Schneider et al. (2010) darauf hindeutet, dass die Kooperation aktuell also offenbar dominiert, ist es für ein generelles Fazit zu früh. Denn die Lebensphase kommt auch hier ins Spiel. Gemeinsame Entscheidungen werden mit den Jahren (Nähe zur „empty-nest"-Phase) in vielen Fällen grundsätzlich seltener (vgl. Kroeber-Riel et al. 2009, S. 507). Abschließend ist außerdem zu beachten, dass es auch in Familien „Koalitionen" geben kann, d. h. ein Partner „verbündet" sich zum Beispiel mit den Kindern gegen den Ehepartner, um eigene Kaufentscheidungen durchzusetzen (vgl. Kirchler 1989, S. 101).

3.2.4 Rollen

Kooperatives oder dominantes Verhalten der Partner dürfte eng mit jeweiligen Rollen oder Rollenbildern (Vorstellungen/Erwartungen) zusammenhängen. Denn verschiedene Rollen sind innerhalb der Familie „aufeinander abgestimmt" – durch „Einigung", „Machtausübung", „Gewöhnung" (Dahlhoff 1980, S. 30). Im Zeitablauf verfestigen sich in vielen Familien die definierten Rollen. Mögliche Rollen im Kaufentscheidungsprozess finden sich in Abschn. 1.2.2. In anderen Familien ändert sich die „Rollenverteilung" mitunter sogar von einer Entscheidungsphase zur nächsten (Kroeber-Riel et al. 2009, S. 504). Auch haben die Kaufkategorie („Ersatzkauf", „Erstkauf") sowie die Produktfinanzierungsart (z. B. per Kredit) Einfluss auf die Rollenverteilung (Dahlhoff 1980, S. 253). Nicht jedes Familienmitglied wird beispielsweise beim dritten oder vierten Nachkauf einer Waschmaschine ein ähnlich starkes Interesse aufbringen und erneut die Rolle einnehmen wollen wie beim ersten Mal. Wird das Gerät etwa erstmals per Kredit finanziert, könnten andere Interessen ins Spiel kommen (z. B. weil die Tilgung persönliche Ausgabemöglichkeiten mindert) und neue Rollenverteilungen. Was die Rollenbilder betrifft: Es gibt in vielen so genannten „westlich" geprägten Ländern einen „Rollenwandel", der mit einem sinkendem Einfluss des Mannes einhergeht (Kroeber-Riel et al. 2009, S. 511). Immer häufiger finden sich stattdessen „Partnerschafts-Familien", die kooperieren und in der die Ehepartner gleichberechtigt sind (Kroeber-Riel et al. 2009, S. 511; s. auch Abschn. 3.2.3). Das bedeutet auch,

- dass Männer mehr Einfluss auf Bereiche haben, die früher klassische Frauendomänen waren (etwa im Haushalt arbeiten, Kinder hüten und somit mehr Einfluss bei der Anschaffung entsprechender Produkte haben) und
- Frauen umgekehrt klassische Männerrollen übernehmen, beispielsweise heimwerken und in Baumärkten einkaufen.

3.2.5 Konflikte

Die offenbar zunehmenden gemeinsamen Entscheidungen von Männern und Frauen gehen jedoch nicht unbedingt zugleich mit mehr Harmonie in der Familie einher. Konflikte entstehen häufig gerade dann, wenn „gemeinsam entschieden" wird oder alle Familienmitglieder erwarten, dass „gemeinsam entschieden wird" (Kroeber-Riel et al. 2009, S. 508). Denn Kauf-/Konsumentscheidungen und finanzielle Fragen laden die Mitglieder oft ein, sich konfliktfördernd in Diskussionen einzumischen. Auch gehen Ehepaare mitunter kritischer miteinander um, als sie es mit fremden Personen tun. Hinzu kommen tägliche Konflikte über „Banalitäten" in Familien (etwa über Hausarbeit, Badezimmernutzung etc.), die das „Wohlbefinden" und damit die Kauf-/Konsumbereitschaft beeinflussen (Kirchler 1989, S. 23 und 32).

Konflikte sind also bei gemeinsamen Entscheidungen eher der Regelfall – Auslöser können beispielsweise unterschiedliche Erwartungen zwischen Eltern und Kindern sein. Sind die Konflikte allerdings zu stark, werden die Beteiligten verunsichert, was zum „Aufschub" einer Kaufentscheidung führen kann (vgl. Kroeber-Riel et al. 2009, S. 509 und 511).

3.2.6 Konfliktvermeidung

Um Konflikte zu vermeiden, werden Kaufentscheidungen häufig auf ein Familienmitglied übertragen. Die anderen akzeptieren dies, wenn der/die Auserwählte über „Autorität, Sachkenntnis oder Fürsorglichkeit" in dem betroffenen Bereich verfügt (Kroeber-Riel et al. 2009, S. 508). Der sachkompetente Partner („Experten- und Informationsmacht") beeinflusst die Kaufentscheidung maßgeblich (Kirchler 1989, S. 102). Es gibt zudem familienspezifische Konfliktlösungsmechanismen, um bei Uneinigkeit über den Kauf dennoch zu einer Kaufentscheidung zu gelangen – häufig gibt es dabei allerdings „langwierige", mitunter irrationale Diskussionen (Kirchler 1989, S. 255). Eine andere Variante ist die so genannte „Identifikationsmacht", d. h. „schwächere" Familienmitglieder wollen dem „Starken" ähnlich sein und übernehmen dessen Meinungen oder Wünsche (Kirchler 1989, S. 101).

3.2.7 Qualität der Beziehung

Die emotionale Beziehung („Beziehungsqualität") insbesondere der Ehe- bzw. Lebenspartner untereinander ist hochgradig relevant (Kirchler 1989, S. 254; s. auch Abschn. 3.4.2). Dabei lässt sich zwischen harmonischen (glücklichen) und „disharmonischen" (unglücklichen) Beziehungen unterscheiden, die konkrete Kauf- und Konsumauswirkungen haben:

- **Harmonische Beziehungen:** Manche Kaufentscheidungen erfolgen aus „Rücksicht" auf den Ehepartner – ein starker Kaufwunsch (auch Egoismus) wird akzeptiert, wenn dies dem „Wohlbefinden des Partners" nützt (Kirchler 1989, S. 254). Sich gegenseitig vertrauende Partner versuchen, gemeinsam „Nutzen zu maximieren" – sie sind eher zum „Risiko" bereit, offen für Partnerwünsche zu sein und „in ihn zu investieren" (Kirchler 1989, S. 91). Das Beziehungsglück hängt mit gemeinsam verbrachter Zeit zusammen; „harmonische" Paare verbringen ca. 44 % ihrer Zeit miteinander (Kirchler 1989, S. 83). „Glückliche Ehepaare" kaufen in konkreten Kaufsituationen eher (höhere Kaufbereitschaft) und dabei vermehrt Güter, die sie gemeinsam nutzen – wie Haushaltsgeräte für das eigene Zuhause oder „Freizeitartikel" für die gemeinsame Freizeit (Kirchler 1989, S. 190 und 84; s. auch Abschn. 2.3).
- **„Disharmonische" Partnerschaften:** Zugeständnisse bei Kaufentscheidungen werden als „Geschäft" gesehen, d. h. es gilt: Nutzen für Nutzen. Da der Umgang miteinander weniger liebevoll ist, gibt es mehr egoistisch-autonome Kaufentscheidungen ohne Rücksicht auf

die Kosten für den Partner oder andere Familienmitglieder (Kirchler 1989, S. 254).

3.2.8 Qualität und „egalitäre Partnerschaft"

Die Qualität der Beziehung wird umrahmt von gesellschaftlichen Veränderungen. Zwischen Partnern entwickeln sich tendenziell symmetrische Beziehungen mit wenigen (bis keinen) traditionellen Rollenmustern, d. h. die Lebenspartner entscheiden gleichberechtigt, haben „gleiche Rechte und Pflichten innerhalb und außerhalb ihrer Beziehung" (Kirchler 1989, S. 100 f.). Dies führt zu einer schwierigeren Entscheidungsfindung in (ggf. zähen) Verhandlungen, beide Partner wollen die Kauf- und Konsumvorgänge kontrollieren.

3.3   Kinder, Jugendliche und Eltern

Kinder und später Jugendliche verändern das Ehe- bzw. Familienleben auch in ökonomischer Hinsicht. Das Einkommen muss angesichts steigender Kosten durch den Nachwuchs wachsen. Es wird mehr und anders konsumiert als vor der Geburt des ersten Kindes (s. Kap. 2). Mitunter entscheiden sich Eltern wegen der Kinder für oder gegen etwas; kaufen beispielsweise einen Fernseher, um Kinderfilme zu konsumieren oder suchen Urlaubsziele ohne lange Anfahrtswege.

Kinder und Jugendliche werden meist formal nach Alter definiert, obgleich letztlich individuelle Entwicklungsschritte über den jeweiligen Reife- bzw. Konsumverhaltensstatus entscheiden:

- Als Jugendliche gelten aus juristischer Sicht Personen ab dem 14. Lebensjahr, wie es zum Beispiel § 1 Abs. 1 Nr. 2 Jugendschutzgesetz (JuSchG) definiert (vgl. o. V. 2017).
- Als Kinder gelten dann die Altersgruppen 0 bis 13 (§ 1 Abs. 1 Nr. 1 JuSchG).

Nicht eindeutig gesetzlich geklärt ist jedoch, wann der Status „Jugendliche" endet. Dies kann mit 18 Jahren (§ 1 Abs. 1 Nr. 2 JuSchG) der Fall sein. Die Altersfestlegung Jugendlicher wird aber heute vielfach weit ausgedehnt, die Einteilungen schwanken. Beispiele:

- In der „Sinus-Milieustudie U27" wird zwischen 9- bis 13-jährigen („frühe Jugend") und 14- bis 19-jährigen Jugendlichen („mittlere und späte Jugend") sowie 20- bis 27-jährigen „jungen Erwachsenen" („Postadoleszenz") unterschieden (vgl. Wippermann und Calmbach 2007, S. 11).
- Die „Shell-Studie" grenzt den Zeitraum auf 12 bis 25 Jahre ein (vgl. Schneekloth und Leven 2006, S. 453).
- Wieder andere unterscheiden die Altersgruppen 15 bis 17 sowie 18 bis 20 Jahre (Lange 1991, S. 11).

3.3.1 Kinder

Kinder werden besonders in den ersten Lebensjahren durch die Eltern geprägt: „Denkweisen, Sprachgebrauch, Verhaltensstrukturen" (Esch und Gawlowski 2013, S. 307) und Problemlösungsmuster werden vermittelt. Infolgedessen beginnt in der Kindheit – gelernt durch „Erfahrung" und „Beobachtung" – auch die „Markenbindung", die meist lebenslang dauert. „Markensozialisation" ist aber nur ein Teil der „Konsumentensozialisation" der Kinder in Familien (Esch und Gawlowski 2013, S. 303 ff., insbes. S. 306).

Bei Produkten, die Kindern besonders wichtig sind, beteiligen sie sich mit großem Engagement bei der Informationssuche und -sammlung (Mayerhofer 1994, S. 124). Töchter übernehmen häufig bei Produkten oder Einkaufsstätten die Einstellungen bzw. Vorlieben der Mütter, Söhne tendenziell die der Väter (vgl. Esch und Gawlowski 2013, S. 304). Mädchen haben einen höheren Einfluss auf Kaufentscheidungen von Familien als Jungen; so genannte „Scheidungskinder" sind offenbar besonders einflussreich (vgl. Kroeber-Riel et al. 2009, S. 505 und 511). Kinder setzen allerdings in erster Linie bei Nebenaspekten (z. B. Produktfarben) sowie im Rahmen ihres Taschengeldbudgets ihren Einfluss direkt durch – je älter, umso stärker (vgl. Kirchler 1989, S. 200). Bei Produkten, die sie unmittelbar betreffen, geben sie ihr Taschengeld altersgemäß selbstbestimmt aus – hauptsächlich für Süßigkeiten, Handy/Mobilfunknutzung, Getränke und „fast-food". Dies zeigen Marktforschungsstudien, die das Deutsche Jugendinstitut ausgewertet hat (vgl. Langmeyer und Winklhofer 2014, S. 21 f.)

Indirekt bestimmen Kinder aber auch als „Koalitionspartner" mit, wenn die Eltern uneins sind (vgl. Kirchler 1989, S. 200 und Abschn. 3.2.3). Bei mehreren Kindern wirkt das jüngste Kind oft strukturell: im Zuge seines Heranwachsens verlieren Väter an Einfluss (vgl. Hubel 1986, S. 208; s. auch Abschn. 3.2.3). Je größer die Kinderzahl und je älter die Kinder werden, desto mehr wächst offenbar (bei Gebrauchsgütern wie Fahrrädern etc.) ihr Einfluss auf die „Produktpräferenzen der Mütter" (Böcker und Thomas 1983, S. 248 und 250). Bei Gütern des täglichen Bedarfs (z. B. Schokoriegel) haben Kinder den größten Einfluss auf die Kaufentscheidungen der Mütter (vgl. Böcker und Thomas 1983, S. 248).

3.3.2 Jugendliche

Grundsätzlich besteht ein relativ großer Einfluss Jugendlicher auf Kauf- und Konsumentscheidungen von Familien (vgl. Hubel 1986, S. 208). Jugendliche wirken vor allem in frühen Entscheidungsphasen mit (vgl. Kroeber-Riel et al. 2009, S. 506).

Allerdings: 14- bis 16-Jährige lösen sich zunehmend von familiären Werten und orientieren sich „eher an Freunden, Gleichaltrigen" sowie externen Vorbildern wie Musikern oder Sportstars. Und was noch typisch ist: Unter 20-Jährige erteilen (nach 21- bis 30-Jährigen) mit am meisten Fremdkaufaufträge (vgl. Kaapke und Knol 2008, S. 25 f.).

Wichtige konsumrelevante Aktivitäten von Jugendlichen zeigt beispielsweise die Shell-Studie (Leven und Schneekloth 2015, S. 113):

Konsumrelevante Aktivitäten von Jugendlichen

- „Im Internet surfen" bzw. soziale Medien nutzen oder Computerspiele spielen,
- Sport treiben (im Fitnessclub/Verein trainieren oder selbstorganisiert Fußball spielen, Fahrrad fahren u. ä.),
- „Bücher lesen",
- „DVDs" sehen,
- „kreativ sein",
- „Zeitschriften lesen".

Sozialkontaktpflege (Freunde treffen) und „Musik hören" ist den Jugendlichen aber noch vor dem Internetnutzen am wichtigsten – das Internet nutzen sie allerdings aktiv als „Mitmach-Netz" (Vernetzung mit anderen), als Informationsquelle (Musik, Fotos, Nachrichten, Videos, Blogs etc.) und um selbst Informationen bereitzustellen, wie Kommentare absenden usw. (Leven und Schneekloth 2015, S. 111 ff.)

12- bis 25-jährige Internetnutzer kaufen bisweilen mindestens einmal pro Woche (11 %), wenige (2 %) gar mindestens einmal am Tag Waren im Netz (Leven und Schneekloth 2015, S. 140). Um ins Internet zu gelangen, müssen vorher von den Jugendlichen selbst oder z. B. durch die Eltern Zugangsgeräte gekauft werden. 12- bis 25-Jährige nutzen dann mehrere Wege: Vorrangig das Smartphone, gefolgt von Laptop/Notebook, PC oder Tablets u. a. (vgl. Leven und Schneekloth 2015, S. 124)

3.3.3 Eltern-Kind(er)-Verhältnis

Kinder dürfen eher an Kaufentscheidungen mitwirken und genießen mehr „Konsumautonomie" (Entscheidungsfreiheit bei Käufen und/oder beim Konsum, z. B. im Rahmen des Taschengeldbudgets), wenn das Verhältnis zu den Eltern „freundschaftlich" und „demokratisch" (mit regem Austausch von Meinungen und Ideen) ist und es auch häufig sachbezogene Gespräche gibt (Esch und Gawlowski 2013, S. 308). Kommunizieren Eltern und Kinder derart miteinander, kann dies bei Kindern zu einer intensiven Markenbindung führen (Esch und Gawlowski 2013,

S. 314). Doch auch Kinder aus so genannten „Laissez-Faire-Familien"
(s. Abschn. 1.2) entwickeln – vermutlich aufgrund des Wunsches nach
Halt im Leben – häufig eine „stabile Markenbeziehung". Ist das Verhältnis autoritär geprägt, haben Kinder bei Kauf- oder Konsumwünschen
wenig Freiräume – ihre Bedürfnisse werden in den „Hintergrund" ge-
drängt, sie sollen sich anpassen, Diskussionen mit „kontroversen Standpunkten" bleiben aus (Esch und Gawlowski 2013, S. 308 und 314).

Die Shell-Studie zeigt jedoch, dass die meisten Eltern und Jugendlichen zwar zuweilen „Meinungsverschiedenheiten" haben, sich aber überwiegend miteinander arrangieren (vgl. Leven et al. 2015, S. 52). Immer
mehr verstehen sich sogar sehr gut, insbesondere Mädchen aus der Mit-
tel- und Oberschicht haben ein positiv-entspanntes Verhältnis zu ihren
Eltern (vgl. Leven et al. 2015, S. 52 sowie Langness et al. 2006, S. 59).
Offensichtlich wirken sich aber Wohn- und Finanzsituationen der Familien, Bildungschancen, Geschlecht sowie Beziehungszustände der Eltern
auf Kontroversen aus: Männliche Jugendliche aus Unterschichten sowie
solche, deren Eltern getrennt sind, haben tendenziell häufiger ein kon-
fliktreiches Verhältnis (vgl. Leven et al. 2015, S. 53 ff. sowie Langness
et al. 2006, S. 59 ff.).

Damit ist es sehr wahrscheinlich, dass v. a. Mädchen an Entscheidungen der Familie mitwirken bzw. relativ viel eigene Handlungsfreiheit haben. „Familienorientierte" Jugendliche (vor allem ältere Mädchen ab 18
sowie zwischen 12 und 14 Jahren, aus der Mittelschicht) unternehmen
gern etwas mit den eigenen Eltern und gehen auch besonders gern einkaufen (Leven und Schneekloth 2015, S. 117 ff.).

3.4 Familiäre Kaufentscheidungen

Kaufentscheidend sind für Familien letztlich der Produktnutzen („spezifische Produkteigenschaften"), die Produktqualität sowie der Preis (vgl.
Dahlhoff 1980, S. 247). Darin dürften sie sich von vielen anderen Kundengruppen kaum unterscheiden. Doch bis zu diesem Punkt gehen Familien höchst differenzierte Wege, die wiederum passende marketingpo-
litische Ansatzpunkte erfordern.

3.4.1 Vorentscheidung und Vorauswahl

Durch die Familie erfolgt stets eine „Reihe von Vorentscheidungen"
(Dahlhoff 1980, S. 247). Dabei sind die Familienmitglieder „völlig unterschiedlich informiert" und entsprechend mehr oder weniger einflussreich (Kirchler 1989, S. 242). Zur gegenseitigen Information nutzen in-
ternetaffine Familien mitunter eigene „Familiengruppen" im Netz (vgl.
Kantar Deutschland GmbH 2017, S. 32).

Fachkompetenz und Kommunikationsfähigkeit entscheiden einerseits
über den Einfluss bei Kaufentscheidungen (vgl. Hubel 1986, S. 208).
Andererseits gilt beim Einfluss der einzelnen Familienmitglieder aber
auch: Es ist in hohem Maße produktabhängig, wer sich an einem Kaufentscheidungsprozess lediglich beteiligt bzw. wer sich beteiligt und auch
„Wirkung" erzielt (vgl. Böcker 1987, S. 22). So sind etwa Entscheidungen bei Autos tendenziell kooperativ, bei Konsumelektronik nur in der
Vorauswahl (vgl. Hubel 1986, S. 209, bezogen auf Videorekorder). Bei
„langlebigen Konsumgütern" (Böcker 1987, S. 24) werden allerdings die
meisten Kaufentscheidungen gemeinschaftlich gefällt. Entscheidet eine
Familie gemeinsam, dann erfolgt eine strengere Vorauswahl der Produkte
als bei Individualentscheidungen (vgl. Hubel 1986, S. 207). Offenbar
werden dann auch mehr Alternativen ausgesondert als bei individuellen
Entscheidungen (vgl. Böcker 1987, S. 20). Denn Familien streben nach
Problemvereinfachung, deshalb werden häufig alle individuellen Aus-
scheidungskriterien von der Familie akzeptiert (vgl. Hubel 1986, S. 208).
Das „Problemlösungsklima" wird von den Gefühlen zwischen den Ehe-
oder Lebenspartnern bestimmt (vgl. Kirchler 1989, S. 242).

3.4.2 Individuelle und kollektive Entscheidung

Familiäre Kaufentscheidungen sind grundsätzlich zuerst ein „komplexer
Verhaltensablauf der beteiligten Ehepartner" bzw. Elternpaare (Dahlhoff
1980, S. 248; s. auch Abschn. 3.2.3). Dabei gibt es häufig eine hohe
Übereinstimmung („Gemeinsamkeit") der Eltern bei höherwertigen Produkten. Der so genannte „Familienlebenszyklus" beeinflusst zusätzlich
die Entscheider-Rolle (vgl. Dahlhoff 1980, S. 253, s. auch Abschn. 1.1).

Eine familiäre Kaufentscheidung bedeutet nicht, dass immer alle Familienmitglieder an der Entscheidung (und am Konsum) beteiligt sind – dennoch haben stets „mehrere Personen" (Dahlhoff 1980, S. 255) Einfluss. Ist die Zahl der Mitentscheider allerdings gering, wächst der Einfluss von außen – etwa von Freunden oder Arbeitskollegen (vgl. Kroeber-Riel et al. 2009, S. 482).

Die Familienmitglieder beachten die „zwischenmenschlichen Beziehungen" bei Kaufentscheidungen, es gibt durchaus „gruppendynamische Prozesse", die die Entscheidungen der Familie prägen (Mayerhofer 1994, S. 126). Vielfach übernehmen Familienmitglieder sogar lieber Fremdkaufaufträge als sie zu vergeben. Eltern bzw. Ehe-/Lebenspartner vergeben meist dann Kaufaufträge, wenn der Kaufort ohnehin auf dem Weg des mit einem Fremdkauf beauftragten Familienmitgliedes liegt. Der individuelle Spielraum für Fremdkäufer ist tendenziell gering – die Nutzer/Auftraggeber machen weitgehend exakte Vorgaben, zum Beispiel in Bezug auf Menge, Marken und Größen (vgl. Kaapke und Knol 2008, S. 23 und 27). „Digitale Einkaufslisten" (Kantar Deutschland GmbH 2017, S. 33) sind jedoch (noch) selten.

3.4.3 Zeitpunkt und Dauer der Entscheidung

Die Kaufentscheidung ist bei höherwertigen Gütern extensiv, während sie bei mittelwertigen relativ schnell erfolgt (vgl. Dahlhoff 1980, S. 247). Je mehr Informationen genutzt werden und je höher der Preis ist, umso länger dauert der Kaufentscheidungsprozess (vgl. Dahlhoff 1980, S. 247 und 186 f.).

Kaufentscheidungen fallen im Übrigen oft in „schwierigen" Zeiten (im Alltagsstress, morgens/abends), an denen die Familienmitglieder müde oder mit anderem beschäftigt sind (vgl. Kirchler 1989, S. 242). Fremdkäufer kaufen

- für den Ehe-/Lebenspartner, die eigenen Eltern und Kinder überwiegend *wöchentlich,*
- *monatlich* eher für die eigenen Eltern,
- *täglich* nur für die eigenen Kinder und den Partner ein (vgl. Kaapke und Knol 2008, S. 21 f.).

3.4.4 Produktbezug

Die familieninternen Rollen als „Kaufinitiator", „Informator" etc. sind produktbezogen (vgl. Dahlhoff 1980, S. 249; zu den Rollen vgl. Abschn. 1.2.2). Auch der Kaufentscheidungsprozess-Ablauf ist abhängig vom Produkt (vgl. Dahlhoff 1980, S. 252). Produktspezifische Entscheidungen bedeuten auch, dass einzelne Familienmitglieder manches alleine – jedoch nicht unbedingt losgelöst von der Familie – entscheiden und konsumieren (insbesondere bei Gütern des täglichen Bedarfs). „Multipersonal" wird dagegen eher bei höherwertigen Gütern entschieden (vgl. Dahlhoff 1980, S. 59 und 66). Ins Auge fallen besonders folgende Typen:

- **Fremdkäufer** kaufen vor allem Lebensmittel, Kleidung, Kosmetik sowie Bücher/Zeitschriften – eher selten Geschenke (vgl. Kaapke und Knol 2008, S. 22).
- **Junge Familien** (Eltern zwischen 25 und 35 Jahren) kaufen häufig vorerst weiter die Produkte/Marken, die sie in ihrer Kindheit gekauft haben. Solange es noch keine Kinder gibt, ähnelt das Konsumverhalten Single-Haushalten; die „Neuorientierung" erfolgt mit dem „Nestbau" (Ausgaben für Wohnung etc.); sobald Kinder da sind, gibt es mehr Gruppenentscheidungen (vgl. Kroeber-Riel et al. 2009, S. 492 f.).
- **Ältere Familien** (z. B. in der „empty-nest"-Phase) sind einerseits „genügsamer", andererseits haben sie einen höheren Qualitätsanspruch – während die Preisbedeutung sinkt; Bezugsgruppeneinfluss und Moden werden – abgesehen von „sozial aktiven Konsumenten" –unwichtiger; dagegen gibt es noch einmal nostalgisch motivierten Konsum (begehrenswerte Waren der Kindheit/Jugend); Präferenzen aus der Zeit des „vollen Nestes" werden oft aufgegeben (Kroeber-Riel et al. 2009, S. 494).

3.4.5 Preis

Preise haben für Familien eine ähnlich große Bedeutung wie die Produkte selbst. Grundsätzlich gilt daher offensichtlich: „Je höher der Preis, desto …"

- länger dauert der gesamte Kaufentscheidungsprozess,
- länger dauert es „vom endgültigen Entschluß bis zum Kauf",
- „größer die Zufriedenheit" (Qualität und Prestige),
- „mehr Informationsinhalte werden herangezogen" (Dahlhoff 1980, S. 184 ff.).

Bei *hochpreisigen Waren* sind „gemeinsame" Kaufentscheidungen eher wahrscheinlich, besonders dann, wenn mehrere Personen tangiert sind, das „Familienprestige" erhöht wird und der Kauf selten ist (vgl. Kirchler 1989, S. 255).

Niedrigpreis-Produkte erhöhen die Wahrscheinlichkeit spontaner (impulsiver) und gewohnheitsmäßiger (habitualisierter) Kaufentscheidungen einzelner Familienmitglieder, vor allem wenn die Artikel „sozial unauffällig" sind und oft gekauft werden (vgl. Kirchler 1989, S. 255; zu Kaufentscheidungsarten siehe Weinberg 1981, S. 13 ff.).

Literatur

Böcker F (1987) Die Bildung von Präferenzen für langlebige Konsumgüter in Familien. Mark ZFP 9(1):16–24

Böcker F, Thomas L (1983) Der Einfluß von Kindern auf die Produktpräferenzen ihrer Mütter. Mark ZFP 5(4):245–252

Dahlhoff H-D (1980) Kaufentscheidungsprozesse von Familien. Empirische Untersuchung zur Beteiligung von Mann und Frau an der Kaufentscheidung. Lang, Frankfurt am Main

Esch F-R, Gawlowski D (2013) Der Einfluss von elterlichen Kommunikationsstilen auf die Markenbindung. Eine Untersuchung der Bedingungen von lebenslanger Markenbindung. Mark ZFP 35(4):303–319

Hubel W (1986) Der Einfluss der Familienmitglieder auf gemeinsame Kaufentscheidungen. Duncker & Humblot, Berlin

Kaapke A, Knol A (2008) Demographie und Konsumentenverhalten. Die ökonomische Bedeutung von Käufer-Nutzer-Verflechtungen vor dem Hintergrund des demographischen Wandels – eine empirische Untersuchung. In: Handel im Fokus, Heft 1, 60. Jg. Institut für Handelsforschung, Köln, S 6–30

Kantar Deutschland GmbH (2017) Familie im Digitalzeitalter. Ergebnisbericht März 2017. Bielefeld. https://www.mkffi.nrw/sites/default/files/asset/document/report-familie-digital.pdf. Zugegriffen am 18.09.2018, 11.40 Uhr

Kirchler E (1989) Kaufentscheidungen im privaten Haushalt. Eine sozialpsychologische Analyse des Familienalltages. Verlag für Psychologie – Dr. C. J. Hogrefe, Göttingen

Kroeber-Riel W, Weinberg P, Gröppel-Klein A (2009) Konsumentenverhalten, 9. Aufl. Vahlen, München

Lange E (1991) Jugendkonsum. Empirische Untersuchung über Konsummuster, Freizeitverhalten und soziale Milieus bei Jugendlichen in der Bundesrepublik Deutschland. Leske + Budrich, Opladen

Langmeyer A, Winklhofer U (2014) Taschengeld und Gelderziehung. Eine Expertise zum Thema Kinder und ihr Umgang mit Geld mit aktualisierten Empfehlungen zum Taschengeld. Deutsches Jugendinstitut (DJI), München. https://www.dji.de/fileadmin/user_upload/dasdji/news/2014/DJI_Expertise_Taschengeld.pdf. Zugegriffen am 14.06.2017, 11.26 Uhr

Langness A, Leven I, Hurrelmann K (2006) Jugendliche Lebenswelten. Familie, Schule, Freizeit. In: Shell-Deutschland Holding (Hrsg) Jugend 2006. Eine pragmatische Generation unter Druck. S. Fischer Taschenbuch, Frankfurt am Main, S 49–102

Leven I, Schneekloth U (2015) Freizeit und Internet. Zwischen klassischem „Offline" und neuem Sozialraum. In: Shell-Deutschland Holding (Hrsg) Jugend 2015. Eine pragmatische Generation im Aufbruch. S. Fischer Taschenbuch, Frankfurt am Main, S 111–151

Leven I, Quenzel G, Hurrelmann K (2015) Familie, Bildung, Beruf, Zukunft. Am liebsten alles. In: Shell-Deutschland Holding (Hrsg) Jugend 2015. Eine pragmatische Generation im Aufbruch. S. Fischer Taschenbuch, Frankfurt am Main, S 47–110

Mayerhofer W (1994) Kaufentscheidungsprozeß in Familien. In: Werbeforschung & Praxis, Nr. 3. Österreichische/Deutsche Werbewissenschaftliche Gesellschaft, Wien/Bonn, S 126–127

o. V (2017) Jugendschutzgesetz (JuSchG). https://www.gesetze-im-internet.de/juschg/__1.html. Zugegriffen am 14.07.2017, 11.55 Uhr

Schneekloth U, Leven I (2006) Methodik. In: Shell-Deutschland Holding (Hrsg) Jugend 2006. Eine pragmatische Generation unter Druck. S. Fischer Taschenbuch, Frankfurt/Main, S 453–459

Schneider H, Coşkun B, Schneider GK (2010) Rollenverteilung bei Kaufentscheidungen türkischstämmiger Familien in Deutschland. Ein Vergleich mit
deutscher Mehrheits- und türkischer Herkunftsgesellschaft unter besonderer
Berücksichtigung der Akkulturation. Mark ZFP 32(3):164–179

Weinberg P (1981) Das Entscheidungsverhalten der Konsumenten. Schöningh, Paderborn

Wippermann C, Calmbach M (2007) Wie ticken Jugendliche? Sinus Milieu-
studie U27. Sinus Sociovision, Heidelberg

4

Analyse der Ansprache von Familien in der Praxis

Darum geht es Von der Nachfrage- zur Angebotsseite: Familien und einzelne Familienmitglieder treffen mit ihren in den vorangegangenen Kapiteln deutlich gewordenen Wünschen, Bedürfnissen, Lebenssituationen, Rollen, Konflikten, finanziellen Möglichkeiten und Bedingungen auf verschiedene Markt-Realitäten der Anbieter. Wie werden sie angesprochen, was wird ihnen geboten? Die Praxisanalyse steht daher im Fokus dieses Kapitels. Konzeptbeispiele – insbesondere der Zielgruppenauswahlen, Kommunikation, der Leistungsangebote und Preise – von vier im Familienmarkt aktiven Unternehmen bzw. Unternehmensmarken werden herausgegriffen und näher betrachtet. Am Ende folgt ein aufschlussreiches und bereits teilweise strategieanregendes Resümee zur Ansprache von Familien bzw. von Familienmitgliedern.

Familien berühren und beeinflussen eine nahezu unfassbare Fülle an Märkten bzw. Branchen. Sie sind zum einen an Anbieter herantretende Nachfrager und werden zugleich als Zielgruppen von Unternehmen oder Institutionen umworben. Um hier einen genaueren Einblick zu erhalten, soll in diesem Kapitel wie folgt vorgegangen werden:

© Springer Fachmedien Wiesbaden GmbH, ein Teil von Springer Nature 2020
F. Ternow, *Familien als Kunden gewinnen*,
https://doi.org/10.1007/978-3-658-28608-8_4

In einem ersten Schritt (Abschn. 4.1) ist zunächst zu überlegen, welche Märkte/Branchen in engem Zusammenhang mit Familien stehen. Selbstredend lässt sich als besonders familienrelevant ins Auge springendes hier nur beispielhaft aufführen. Im zweiten Schritt (Abschn. 4.2) werden aus der Menge einige Beispielsegmente herausgegriffen und kurz vorgestellt. Danach werden im dritten Schritt (Abschn. 4.3) aus zwei Branchen vier Angebotsbeispiele näher betrachtet. Hierbei sollen Antworten darauf gefunden werden, wie familiäre Zielgruppen definiert (Differenzierungsgrad) und welche Leistungen Familien/-mitgliedern wie geboten werden. Neben produkt-/sortimentspolitischen Vorgehensweisen interessieren auch Kommunikation und Preisoptik. Im vierten Schritt (Abschn. 4.4) soll ein Resümee mit Blick auf Ansprache und Angebot gezogen werden.

4.1 Tangierte Märkte/Branchen

Familien bzw. einzelne Familienmitglieder tangieren u. a. die Sparten Dienstleistungen[1] (private und öffentliche), Einzelhandel, Handwerk, Industrie und Medien. Listet man allein aus diesen Bereichen Anbieterbeispiele auf, deuten sich erhebliche Umsatzdimensionen an:

- Bei den **privaten Dienstleistungen** werden beispielsweise von Familien genutzt: Bildungsanbieter (Nachhilfeinstitute usw.), Fahrschulen, Freizeitunterhalter (wie Hallen-Spielplätze, Kinos, Vergnügungsparks), Gastronomiebetriebe (Fast-Food-Restaurants etc.), Pflegedienstleister, Reinigungsgewerbe (Wäsche, Fenster), Sportvereine/Fitness-Studios, Telekommunikationsfirmen, Tourismusbetriebe (Campingplätze, Ferienparks usw.).
- Von den **öffentlichen Dienstleistungen** nutzen Familien oder einzelne Familienmitglieder u. a. Kindergärten, Kultureinrichtungen (Büchereien, Musikschulen, Volkshochschulen usw.), Schulen, Schwimmbäder, Spielplätze (Freiluft), Verkehrsleistungen (Bahn, Bus) usw.

---

[1] Eine vertiefende Diskussion über Definition und Abgrenzung von sach- und personenbezogenen, privaten und öffentlichen Dienstleistungen sowie die Zugehörigkeit zum Dienstleistungssektor soll hier nicht erfolgen. Vgl. dazu Corsten 1990, S. 3 ff.; Meffert und Bruhn 1995, S. 27 ff.

- Im **Einzelhandel** (online oder stationär) kaufen Familien bzw. Familienmitglieder z. B. Babyzubehör, Baumarktartikel, Bekleidung, Bücher, Drogeriewaren, Fahrzeuge (Autos, Fahrräder usw.), Haushaltswaren, Konsumelektronik, Lebensmittel, Möbel, Schuhe, Spiele und Spielzeug, Sportartikel usw.
- Aus dem Bereich **Handwerk** brauchen Familien mitunter Elektriker, Optiker, Reparaturwerkstätten für Fahrzeuge, Änderungsschneidereien usw.
- Auch die **Industrie** ist für Familien relevant, z. B. als Hersteller der unter Einzelhandel genannten Sortimente, als Hersteller mit Direktverkauf (wie „Fabrikverkauf", „shop-in-shop"-Systeme im Textilhandel, Verkaufspartys im Familiendomizil) usw.
- Und schließlich sind auch die **Medien** für Familien von großer Bedeutung, insbesondere Bild-/Tonträgeranbieter mit Hörspielen, Kindermusik/-filmen). Hinzu kommen „Soziale Medien" sowie Verlage mit Print- oder Digitalmedien. Bei Verlagen stehen besonders Ratgeber, Kinderbücher, Zeitschriften (Formate wie „Micky Maus", „Bravo", „Eltern family", „meinebande" u. ä. im Fokus).

4.2 Anbieterbeispiele

Die Aufzählung einiger Märkte/Branchen weist auf sehr viele erfolgreiche Geschäftskonzepte hin. Um hier einen weiteren Einblick zu erhalten, sollen im zweiten Schritt Anbieter von Leistungen für Familien bzw. Familienmitglieder kurz mit ausgewählten Angebotskomponenten sowie Beispielen der Zielgruppenansprache aufgeführt werden:

4.2.1 Beispiele privater Dienstleistungen

Eine **Fast-Food-Restaurant-Gruppe** offeriert unter dem „Reiter"/Stichwort „Familien" neben Produktkombinationen (Menüs) auch Spielzeug, Bücher (gedruckt und digital), Kindergeburtstagsfeiern, zeitlich begrenzte Aktionen, wie „Family Day" mit speziellen Angeboten (vgl. McDonald's Deutschland LLC 2018). Ansprache: „Euch" (nicht näher bezeichnete Familienmitglieder), „eure Kinder" (Eltern).

Ein **Anbieter von Ferienparks** spricht speziell Kinder – und damit indirekt die Eltern und ggf. weitere Familienmitglieder – über ein Maskottchen („Bollo-Bär") an, erzielt so Erkennungseffekte und fördert durch damit verbundene Aktionen vor Ort („Lesen mit Bollo", „Bollos Haus" u. a.) die Zufriedenheit der Kinder (die sich dann ggf. auf die Eltern oder andere Familienmitglieder positiv auswirkt), was insgesamt Wiederholkaufeffekte zur Folge haben kann (vgl. Landal GreenParks GmbH 2018). Ansprache: „ihr" (Kinder), „Sie" (Eltern).

Ein **Hallen-Spielplatz-Betreiber** bietet Angebote für Großfamilien bzw. unterschiedliche Familienmitglieder und deren Rollen. Beispiele: Kindergeburtstag, „PapaDay", „Oma-und-Opa-Tag" (vgl. Kinderland Stuttgart GmbH 2018). Ansprache: „eure Anlaufstelle"/„Euch" (Kinder), „Ihr" (Eltern und Kinder), „für alle Eltern" (Rollenbetonung).

Sportvereine ermöglichen oft gezielte Angebote für einzelne bzw. mehrere Familienmitglieder gleichzeitig, wie zum Beispiel „Babys in Bewegung" (konkrete Beispiele nennt der „Deutsche Olympische Sportbund", vgl. DOSB e. V. 2018). Ansprache: „Sie"/„Familien" (Eltern).

Ein **Telekommunikations-Unternehmen** (vgl. Telekom Deutschland GmbH 2018) hat einen preisgünstigen Tarif für Familien („Family Card"). Ansprache: „Sie"/„für Ihre Familie und Freunde".

4.2.2 Beispiele aus Einzelhandel und Industrie

Ein **Anbieter von (Brett-)Spielen** u. ä.: Familien sollen nicht nur durch die Produkte („Online Shop"), sondern auch durch Zusatzleistungen erreicht und gebunden („Family & Friends") werden – etwa in dem auch ein Vergnügungspark, ein Museum, Gewinnspiele oder eine Digital-Zeitschrift angeboten werden (vgl. Ravensburger AG 2018). Das Unternehmen ist zugleich Hersteller, Online-Versandhändler (für Endkunden) sowie Großhändler (für Spielwarengeschäfte). Ansprache-Beispiele: „Sie" (erwachsenes Familienmitglied), „die ganze Familie", „Kinder und Eltern" (Rollenbetonung, vgl. Ravensburger AG 2018).

Ein **Autohersteller** bietet spezielle „Familienautos" (Vans) an (vgl. z. B. Ford-Werke GmbH 2018). Ansprache-Beispiele: „Unsere Autos für

Ihre Familie", „Sie" (erwachsenes Familienmitglied), „Familienvan" (Produktbezug).

Eine **Onlinehandelsplattform** für Autos weist (neben Fahrzeugen diverser Hersteller und Finanzierungsmöglichkeiten) umfassende Tipps zum Autokauf speziell für Familien aus (vgl. Autohaus24 GmbH 2018). Ansprache-Beispiele: „Sie"/„Fahrer"/„Fahrerin".

Textilhandelsketten zielen oft grundsätzlich auf Kernfamilien bzw. „alle" Familienmitglieder. Die Ansprache ist daher sehr ähnlich, eher unpersönlich und ohne Rollenbetonung:

- Ein Vertikalist (also zugleich Hersteller und Händler) bietet „Mode für die ganze Familie ..." (vgl. C & A Mode GmbH & Co. KG 2018),
- Textildiscounter führen „Günstige Mode für die ganze Familie!" (vgl. KiK Textilien und Non-Food GmbH 2018) oder „Kleidung für die ganze Familie ..." (vgl. Takko Holding GmbH 2018).
- Zugleich werden jedoch die Waren selbst oft differenziert nach Familienmitgliedern („Damen", „Herren", „Kinder") angeboten.

4.3   Konzeptelemente

Um Ansprache und Angebot näher zu betrachten, konzentriert sich die weitere Analyse im dritten Schritt auf im Internet präsente Tourismus- und Einzelhandelsunternehmen. Stellvertretend für viele Strategieansätze werden Konzeptelemente der folgenden „Unternehmens-" bzw. „Unternehmensbereichsmarken" (vgl. Meffert und Bierwirth 2002, S. 184; Meffert et al. 2002, S. 170 sowie Ternow 2012, S. 78) herausgegriffen:

- „Center Parcs" (vgl. Center Parcs Europe N.V. 2017, 2018a)
- „Ernsting's familiy" (vgl. Ernsting's family GmbH & Co. KG 2017)
- „Jako-o" (vgl. Jako-o Möbel und Spielmittel für die junge Familie GmbH 2017, 2018) sowie
- „myToys" (vgl. myToys.de GmbH 2018)

Diese Marken empfehlen sich für eine tiefergehende Untersuchung, weil sie aus Kundensicht als „familienfreundlich" bewertet worden sind (vgl. Volber 2013; ServiceValue GmbH 2018 mit aus Käufersicht „familienfreundlichen" Unternehmensbeispielen und Methodik-Hinweisen für 2013 und 2017). Die hier erfolgte Auswahl ist frei nach sachlichem Ermessen des Autors erfolgt. Es bestehen keine Präferenzen, Vertragsverhältnisse oder sonstige Verpflichtungen.

Die Konzepte werden anhand ihrer zu verschiedenen Recherchezeitpunkten in den Jahren 2017 und 2018 aktuellen und öffentlich zugänglichen Internet-Präsentationen aus Sicht des Autors analysiert. Die Untersuchung beschränkt sich auf die Elemente:

- Zielgruppe (soweit erkennbar)
- Kommunikation (d. h. ein Motto bzw. Leitspruch, Ansprache-Beispiele und die Textart bzw. der verwendete Stil)
- Leistungsangebot (also die Haupt-/Teilleistungen bzw. die Sortimentsauswahl)
- Preisoptik (erkennbare Preisschwellen, Preishervorhebungen usw.).

4.3.1 „Center Parcs"-Konzept

a) Zielgruppe
„Familien" stehen im Vordergrund (vgl. Center Parcs Europe N.V. 2017, 2018a). Dabei werden unterschiedliche Familientypen (von der Alleinerziehenden-Familie bis zur generationsübergreifenden Großfamilie) angesprochen. Unter dem Oberbegriff „Familienurlaub" wird die Zielgruppe Familie nach Familienmitgliedern, nach Merkmalen der Kinder sowie nach Lebensstil unterteilt, und zwar in „Urlaub mit"

- „Kleinkindern" (Babys, Ein- bis Zweijährige),
- „Kindern",
- Kindern und Alleinerziehenden („Single-mit-Kind-Reisen"),
- „Teenagern",
- „Großeltern",
- „Hund" bzw. anderen Haustieren.

Die Zielgruppe „Großeltern" umfasst zwei Varianten für einen „Generationenurlaub". Zum einen werden Großeltern angesprochen, die alleine mit Enkeln verreisen. Und zum anderen sind Großeltern (also Eltern eines/beider Ehepartner/s) gemeint, die mit einer Kernfamilie anreisen.

b) Kommunikation

- **Motto:** „Endlich nur wir".
- Ansprache-Beispiele: „die Kinder", „für alle", „ganze Familie", „Ihr Kind", „Ihr Urlaub mit Kindern", „Ihre Familie", „Mama und Papa", „Oma und Opa", „Sie".
- **Textart/Stil:** Insgesamt findet sich im Internetauftritt relativ viel Text. Der Stil ist tendenziell emotional-bildhaft, erlebnisbetont. Erlebnis-Strategien sind eine Variante emotionaler Produktdifferenzierung (vgl. Weinberg 1992, S. 3 ff.; Kroeber-Riel et al. 2009, S. 150 bzw. 138 ff.). Hervorgehoben werden daher beispielsweise Freiheit (Platz in Ferienhaus und Garten, nicht störender Lärm), Sicherheit („kindersicher gebaut"), Aktivitätsmöglichkeiten für Kinder und Eltern sowie Entspannung und Genuss für die Erwachsenen (Eltern u. a.). Eltern erhalten zusätzliche Argumente für eine Kaufentscheidung (Zusatznutzen), wie ggf. kurze Anfahrten.

c) Leistungsangebot und Preisoptik

- **Haupt- und Teilleistungen:** Die Leistung umfasst den Ferienpark insgesamt mit seinen vielfältigen (allerdings nicht in jedem Park erhältlichen) Teilleistungsangeboten – wie zum Beispiel Schwimmbad und Sauna, kindgerechte Restaurants, Indoor-Spielplatz, Tennis, Kleintierzoo, Fahrradvermietung.
- **Grundsätzlich bestehen folgende Angebotsvarianten:** Die Kunden/ Gäste sind in der Regel in Ferienhäusern oder in einem auf dem Ferienparkgelände ansässigen „Familienhotel" (insbesondere gedacht für ein Elternteil mit Kind oder Paare) untergebracht. Je nach Park bestehen ggf. weitere Varianten, wie Hausboote, Campingmöglichkeiten, bewohnbare Baumhäuser.

Darüber hinaus erfolgen weitere Differenzierungsansätze. So gibt es für die oben genannten Familientypen jeweils zugeschnittene Angebote bzw. diverse Aktionen, etwa für

- **Kinder:** „Baby-Früher-Vogel"-Schwimmen, Baby-Fußabdrücke, Klettern, Malen, Verkleiden, Zirkusspiele u. a.;
- **Jugendliche/„Teenager":** Paintball, Graffiti-Sprühkurs, Klettern/ Abseilen/Springen, „PoolParty" etc. Abb. 4.1 zeigt die nach Familientyp zugeschnittenen differenzierten Angebote am Beispiel „Urlaub mit Teenagern";
- **Großeltern:** Nordic-Walking mit Schulung, „FamilyQuizNight", Ausflüge usw.

Für Familien mit Haustieren gibt es einerseits spezielle Leistungen (Hundetoiletten, Haustier-Häuser etc.), andererseits Bedingungen (Leinenzwang, Zusatzgebühren, Impfungen usw.).

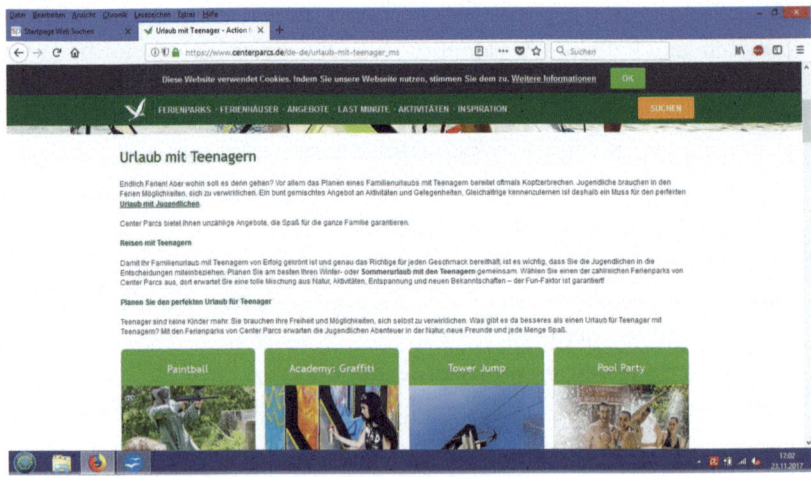

Abb. 4.1   „Center Parcs"-Konzept: Beispiel Familien mit Jugendlichen (Ausschnitt nach Bildschirmkopie). (Mit freundlicher Genehmigung von © Center Parcs Europe N.V. 2017. All Rights Reserved)

Preisoptik: Im Buchungsbereich (zum Beispiel direkt im Anschluss an die Vorstellung „Über uns") werden die Preise deutlich hervorgehoben. Dabei werden zum Recherchezeitpunkt glatte Euro-Preise mit Einer-Endung 9 eingesetzt, also ohne Kommasetzung mit Cent-Angaben. Die Preise steigen häufig in 10-Euro-Schritten, je nach Angebot (Anzahl der Nächte, Ferienparktyp) auch in größeren Abständen. Typisches Preisbild zum Analysezeitpunkt: 189 – 199 – 229 – 249 – 259 – 269 – 289 – 299 – 309 – 319 – (…) 1549 Euro (vgl. Center Parcs Europe N.V. 2018b).

4.3.2 „Ernsting's family"-Konzept

a) Zielgruppe
Kinder und Mütter („Kinder- und Damenmode") stehen im Fokus – gemeint sind aber offenkundig Frauen als Käuferinnen von Waren für sich und als Fremdkäuferinnen für ihre Familien, vor allem für ihre Kinder und Partner. Zugleich sollen „Einkaufserlebnisse für Familien" geschaffen werden (vgl. Ernsting's family GmbH & Co. KG 2018a).

b) Kommunikation
* **Motto:** „Von fröhlichen Familien empfohlen".
* **Ansprache-Beispiel:** „Sie" (teilweise auch „Dich").
* **Textart/Stil:** Bereits das Wort „family" im Namen soll augenfällig auf ein familienfreundliches Angebot hinweisen. Verkaufsorientierung steht im Vordergrund (Produkte und Preise). Auf der Startseite wird beispielsweise unmittelbar auf Links zu aktuellen (Waren-)Themenwelten oder Rabattaktionen mit entsprechenden Produktofferten aufmerksam gemacht. Insgesamt findet sich im Internetauftritt zunächst relativ wenig Text. Nähere Informationen zur Unternehmensphilosophie u. ä. sind über den Link „Mehr von Ernsting's family" und dann „Unternehmen" erhältlich. Hier wird der Website-Besucher begrüßt („Herzlich willkommen" und „erfahren Sie mehr über uns"). Sodann finden sich Pressemeldungen („Aktuelle Neuigkeiten") sowie im „Ernsting's family Blog" redaktionelle Texte zu Familien-/Elternanliegen, etwa über Geschwister- und Modethemen oder als „Familienratgeber".

Informationen zu Qualität u. ä. sind über den Link „Qualität" („Ernsting's family Qualitätskontrolle") erhältlich. Serviceangebote verteilen sich zum Beispiel über die Startseite, wie Links zu „Größenberater" und „kostenlose Lieferung". Tipps werden einerseits mit redaktionell-professionell gestalteten Artikeltexten als Anregung für Erwachsene kommuniziert („Indoorspiele für verregnete Tage") und zugleich als Verkaufshilfe mit Waren aus dem Sortiment verknüpft. So werden am Ende eines solchen Textes die angesprochenen Produkte zur Bestellung unter dem Hinweis „Produkte in diesem Artikel" erneut als Link aufgeführt (vgl. Ernsting's family GmbH & Co. KG 2018b).

c) Leistungsangebot und Preisoptik
Leistungsangebot und Preisoptik weisen zum Recherchezeitpunkt folgende Merkmale auf:

- Die Sortimentsauswahl ist in der Breite beschränkt auf Bekleidung für Kinder (Mädchen wie Jungen) und „Damen" sowie auf „Wäsche" und „Wohnen" (Bettwäsche, Kissen, Handtücher, Dekorationsartikel u. a.). Unter der Rubrik „Damen" finden sich auch Modeschmuck, Schuhe und Accessoires (Hüte, Schals). Unter dem Reiter „Wäsche" gibt es auch für Herren ein relativ kleines Angebot (s. Abb. 4.2). Hier ist zu vermuten, dass auch dieses eigentlich auf Frauen zielt, die dann als Fremdkäuferinnen Artikel für ihre Partner kaufen.
- Die Sortimentsauswahl ist in der Tiefe begrenzt. So finden sich beispielsweise unter dem Oberthema „Wäsche" Artikel für Damen („Nachthemden", „Schlafanzüge" und fünf weitere), Mädchen und Jungen (von Baby-Größe 50 bis Kindergröße 188) sowie Herren („Nachtwäsche", „Socken" und zwei weitere). Abb. 4.2 zeigt einen Ausschnitt aus dem Leistungsangebot am Beispiel des erwähnten Bereichs „Wäsche".
- Die Preise enden überwiegend mit Kommasetzung auf 99 Cent, gelegentlich auch auf 49 Cent. Beispiele: 1,49 – 1,99 – 2,49/2,99 – 3,49 – 3,99 (…) – 9,99 (…) – 12,99 (…) 24,99 – (…) 29,99 – (…) – 69,99 Euro – (…).

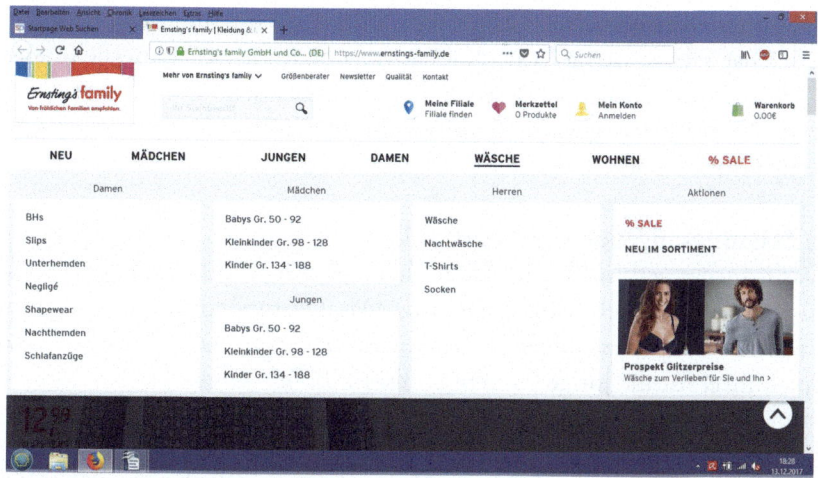

Abb. 4.2 „Ernsting's family"-Konzept: Beispiel Leistungsangebot „Wäsche" (Ausschnitt nach Bildschirmkopie). Mit freundlicher Genehmigung von © Ernsting's family GmbH & Co. KG 2017. All Rights Reserved)

4.3.3 „Jako-o"-Konzept

a) Zielgruppe
Zur Zielgruppe zählen Kinder von 0 bis 10 Jahren und Eltern bzw. Elternteile (in erster Linie auch hier Mütter als Käufer) – genannt werden als Zielgruppe „Kinder und deren Familien" (vgl. HABA 2018, S. 11).

b) Kommunikation
- **Motto:** „best for kids".
- **Ansprache-Beispiele:** „Sie", „Eltern".
- **Textart/Stil:** Verkaufsorientierung (Produkte und Preise) steht an erster Stelle, aber auch Service (z. B. Speditions- und Reparaturservice) wird durch einen direkt sichtbaren Link auf der Startseite hervorgehoben (vgl. Jako-o Möbel und Spielmittel für die junge Familie GmbH 2017, 2018). Auch hier wird – ähnlich wie bei „Ernsting's family" – auf der Startseite unmittelbar auf Links zu aktuellen (Waren-)Themenwelten oder Rabattaktionen mit entsprechenden Artikelangeboten

aufmerksam gemacht. Insgesamt findet sich im Internetauftritt zunächst relativ wenig Text. Nähere Informationen zu Unternehmensphilosophie, Konzept, Qualität u. ä. sind über den Link „Weiter. Denken!" abrufbar (vgl. Jako-o Möbel und Spielmittel für die junge Familie GmbH 2017, 2018).

c) Leistungsangebot und Preisoptik
Das Konzept verbindet unter dem Thema Kinder- und Familienorientierung diverse Einzelhandelsbranchen. Das Leistungsangebot weist zum Recherchezeitpunkt folgende Merkmale auf (vgl. Jako-o Möbel und Spielmittel für die junge Familie GmbH 2017):

* Die Sortimentsauswahl ist in der Breite (Fokus Kinder) beschränkt auf Basteln/Do-it-yourself, Bücher, Haushaltswaren (Küche, Bad, Garten), Kinderbekleidung, Kinderzimmermöbel, Lampen (für Kinderzimmer, Schreibtische), Spielzeuge, Sportartikel, Ton-/Bildträger (CDs, DVDs u. ä.), Wohntextilien (Kinderteppiche, Bettwäsche, Decken). Die Oberthemen der Artikel-Auswahlleiste der Website lauten „Kindermode", „Spielzeug", „Baby", „Sport", „Kinderzimmer", „Geburtstag", „Praktisches", „Basteln", „Medien" und für reduzierte Ware: „%Sale%".
* Die Sortimentsauswahl ist in der Tiefe begrenzt und dabei meist erneut in warenbezogene Ober- und Unterthemen aufgeteilt. So finden sich beispielsweise unter dem Oberthema „Sport" die Unterthemen „Kinder-Sportgeräte"; „Kinder-Fahrzeuge", „Sportarten" und „Sportmode". „Sportmode" ist beispielsweise begrenzt auf Sport- bzw. Schwimmkleidung.

Trotz des „kids"-Mottos ist das Sortiment nicht auf Artikel für Kinder beschränkt. Produkte rund um das Thema Kinder werden zwar in der oben erwähnten Auswahlleiste der Website auf den ersten drei Rängen hervorgehoben. Zugleich betreffen viele Themen oft Familien mit Kindern insgesamt. So findet sich beispielsweise unter der Rubrik „Praktisches" (vgl. Jako-o Möbel und Spielmittel für die junge Familie GmbH 2017):

- „Familie unterwegs" (mit Waren rund um Reisen und Ausflüge, wie „Rucksäcke & Taschen", „Praktisches fürs Auto", „Kinderkoffer" usw.)
- „Haushalt" (darunter „Badezimmer-Zubehör", „Koch- & Backutensilien", „Kindergeschirr & Tischware")
- „Garten & Strand" (u. a. „Grill-Zubehör", „Dekoration & Möbel", „Sonnenschutz-Artikel")
- „Schulorganisation" („Schul- & Kigabedarf" , „Sprachförderung", „Kinderuhren & Wecker"). Abb. 4.3 zeigt anhand des Oberthemas „Kinderzimmer" die darin aufgelisteten Warenthemen.

Die Preisgestaltung setzt auf Vielfalt – überwiegend im Rahmen der 9er, 5er oder 0-Optik. Am häufigsten finden sich Preise mit der Endung auf 95 Cent, etwa 12,95 Euro (T-Shirt) oder 17,95 („Gartenstuhl-Polsterschutz"). Ferner sind vielfach Preise mit 99-Cent-Angaben zu sehen („Kinder Sonnenbrille" 24,99 Euro, „Spielküche" 169,99 Euro). Vereinzelt werden aber auch glatte Preise mit 00-Cent-Angaben (139,00 oder 699,00), 25-Cent-Endung (x,25 Euro), glatten Cent-Zehnern (x,90 bzw. x,80 Euro) oder anderen Cent-Endungen („Bobby-Car" 31,57 Euro, dazu passender Anhänger 14,03 Euro) eingesetzt.

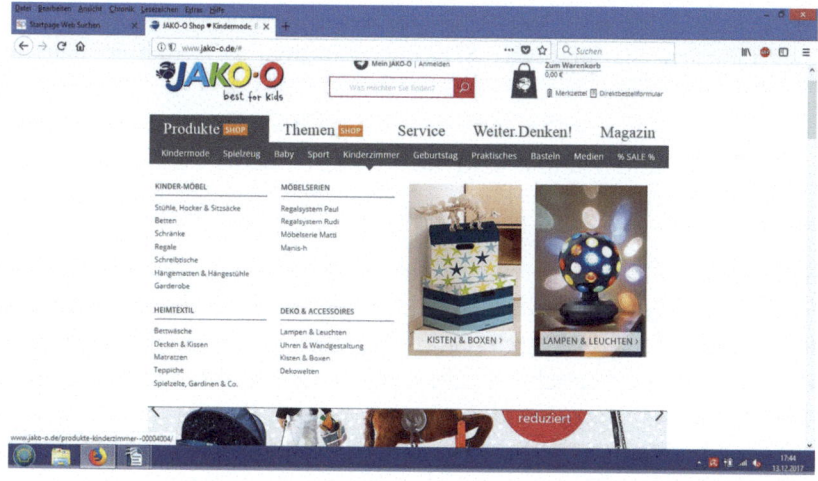

Abb. 4.3 „Jako-o"-Konzept: Beispiel Warenthema „Kinderzimmer" (Ausschnitt nach Bildschirmkopie). (Mit freundlicher Genehmigung von © Jako-o Möbel und Spielmittel für die junge Familie GmbH 2017. All Rights Reserved)

4.3.4 „myToys"-Konzept

a) Zielgruppe
Als Zielgruppe gelten „Kinder und Familie" (vgl. myToys.de GmbH 2018), im engeren Sinne auch Frauen/Mütter, Schwangere, Eltern.

b) Kommunikation
- **Motto:** „Einfach alles für Ihr Kind".
- **Ansprache-Beispiele:** „Eltern", „Ihr Kind", „Sie", „als werdende Mutter", „gesamte Familie".
- **Textart/Stil:** Verkaufsorientierung (Produkte und Preise) dominiert. Allerdings findet sich direkt auf der Startseite unterhalb von Themenlinks und „Produktempfehlungen" ein in mehrere Überschriften unterteilter Text (vgl. myToys.de GmbH 2018). Er beschreibt u. a. Unternehmensphilosophie, Geschäftskonzept und Qualitätsstandards. Beispiele für Überschriften der relativ kurz gehaltenen Textabschnitte sind:
  - „myToys – Kinderwünsche sind unser Spezialgebiet!"
  - „Wünsche der gesamten Familie liegen uns am Herzen"
  - „Wir begleiten Ihr Kind von Beginn an"
  - „Gute Laune zum Anziehen – Kindermode auf myToys.de"
  - „Gönnen Sie sich was Schönes von myToys" (richtet sich an Schwangere)
  - „Gemeinsam mit Ihnen setzen wir auf Qualität"
  - „Kinder und Familie sind unser Spezialthema" (vgl. myToys.de GmbH 2018)

In den meisten Produktbereichen finden sich unterhalb der aufgeführten Waren ebenfalls Hinweistexte für Eltern, etwa im Kleidungsbereich ein „Kindermode-Ratgeber: Style-Guide für Eltern von Babys bis Teens" oder im Spielzeug-Bereich ein „Spielzeug-Ratgeber: Altersgerechte Spielwaren für Babys, Kinder und Teenager" (vgl. myToys.de GmbH 2018). Es folgen dann im ersten Fall Hinweise zu Kleidergrößen oder Materialien und im zweiten Tipps zu „ersten Greifspielen" oder Motorikförderung.

c) Leistungsangebot und Preisoptik

Im Warenfokus stehen „Spielzeug und Produkte rund ums Kind" bzw. „alle Produkte rund ums Kind" (myToys.de GmbH 2018). Das Konzept verbindet diverse Einzelhandelsbranchen, ist dabei aber überwiegend konsequent auf Kinder bezogen (Gartenmöbel nur für Kinder u. ä.). Eltern, die Waren für sich oder andere Familienmitglieder suchen, finden auffallende Links für vertiefende Kaufmöglichkeiten (Kleidung, Schuhe und Wohnartikel).

Das Leistungsangebot weist zum Recherchezeitpunkt folgende Merkmale auf:

- Die Sortimentsauswahl ist in der Breite beschränkt auf die Oberthemen folgender Artikel-„Kategorien" (in der Reihenfolge ihrer Nennung von links nach rechts): „Baby & Schwangerschaft", „Spielzeug & Spiele", „Mode & Schuhe", „Audio, Video & Games", „Basteln & Malen", „Bücher", „Kinderzimmer & Wohnen", „Schule & Lernen", „Sport & Garten", „Alles für die Kinderparty" (vgl. myToys.de GmbH 2018). Hinzu kommt ein „Geschenkefinder" (Programm zur Artikelangebotserstellung) sowie „Produkte im Sale" (preisreduzierte Ware).
- Die Sortimentsauswahl ist in der Tiefe begrenzt. Der Artikelschwerpunkt liegt nach Mengenangaben der Website (trotz der an erster Stelle stehenden Spielzeug-Ausrichtung) im Bekleidungs- und Schuhbereich (über 35.000 Artikel), danach folgen Bücher (rund 27.000) und erst dann Spielzeug (ca. 22.000) sowie „Baby & Schwangerschaft" (über 18.000 Artikel). Die Oberthemen beschränken sich auch bei „myToys" auf ausgewählte Produktangebote. So finden sich beispielsweise unter dem Oberthema „Spielzeug & Spiele" die Unterthemen Spielzeug für Babys, Kleinkinder, Mädchen und Jungen sowie die Bereiche Puppen, „Technik für Kinder", Autos, „Küche & Kaufladen", „Musikinstrumente" usw. (vgl. myToys.de GmbH 2018). Abb. 4.4 zeigt die in der Breite auf die Waren-Oberthemen beschränkten Artikel-„Kategorien".

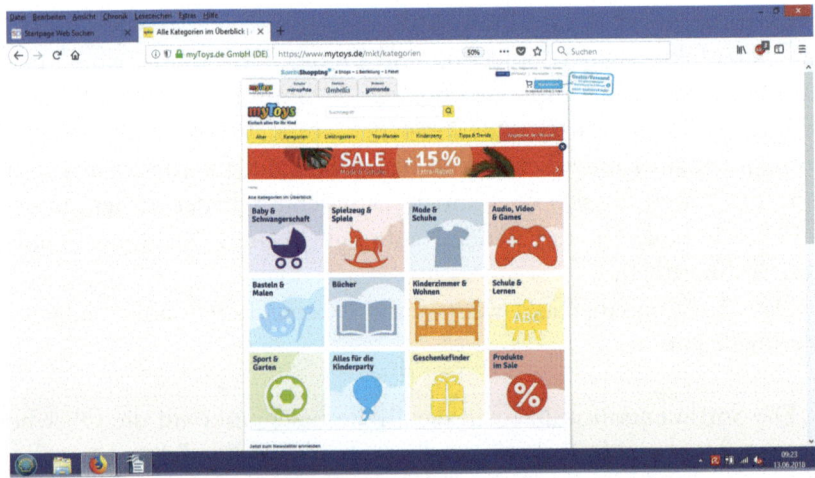

Abb. 4.4 „myToys"-Konzept: Beispiel Warenoberthemen (Ausschnitt nach Bild-schirmkopie). (Mit freundlicher Genehmigung von © myToys.de GmbH 2018. All Rights Reserved)

Die Preise enden überwiegend auf 99 Cent. Beispiele: 3,99 – 4,99 – 5,99 – 6,99 – 7,99 – 8,99 – 9,99 – 11,99 – 12,99 – 14,99 – 19,99 – (…) – 46,99 Euro – (…). Gelegentlich finden sich 00-Cent-Angaben (Kinder-Sakko 35,00 Euro), glatte Cent-Zehner (Kinderbuch 1,60 Euro), 9er-Endung (8,49 Euro für Glitzerknete) oder 95 Cent („sigikid"-Blazer 39,95 Euro).

4.4   Resümee

Die Praxis zeigt Muster der Marktbearbeitung, die für potenzielle Markt-teilnehmer wertvolle strategische Anregungen sein können. Erkennbar wird, welche Waren oder Dienstleistungen zu bestimmten Preisen, Kom-munikationsinhalten usw. vermarktbar sind. Zugleich finden sich Hin-weise auf Schwächen, die sich ggf. in Stärken umwandeln lassen.

4.4.1 Differenzierungsgrad und Kommunikation

Grundsätzlich deutet sich an, dass Familien in der Praxis undifferenziert, eingeschränkt-differenziert oder differenziert als Zielgruppe angesprochen werden. Diese Unterteilung folgt einem Schema von Meffert und Bierwirth (2002, S. 196), die allerdings statt „eingeschränkt" von „bedingt" differenziert schreiben (zu Differenzierungsstrategien siehe auch Abschn. 5.2.1).

Beim **undifferenzierten Vorgehen** wird beispielsweise das Wort „Familie" (häufig auch englisch als „family") stets betont, bleibt aber unscharf – etwa „für die ganze Familie" („C & A"), „Family Day" („McDonalds"), „Family Card" („Telekom"). Mitunter wird sogar eine weitere unscharf formulierte Zielgruppe (wie „Freunde") mit der Ansprache von Familien kombiniert, etwa als „Family & Friends" („Ravensburger"). Die Kombination von „Familien" und „Freunden" kommt offenbar neueren Trends entgegen (vgl. Abschn. 1.1).

Eingeschränkt-differenziert ist die Ansprache beispielsweise dann, wenn zwar einerseits „Familien" allgemein angesprochen werden, diesen aber bestimmte Eigenschaften oder näher bezeichnete Personengruppen zugeordnet werden (wie bei „Center Parcs"). Beispiele sind Unterteilungen nach Merkmalen der Kinder („Familien mit Teenagern") oder nach Lebensstil/-weise – etwa „Single-mit-Kind"-Familien, „Familien mit Hund" (vgl. dazu ebenfalls Abschn. 1.1).

Auch für eine **differenzierte Ansprache** finden sich verschiedene Varianten, wie zum Beispiel die Ansprache

• einzelner Familienmitglieder (insbesondere der Frauen und Mütter als (Fremd-)Käuferinnen sowie der Kinder und Jugendlichen) und
• mehrerer Familienmitglieder gleichzeitig (Kinder und Großeltern; Mädchen, Jungen und Mütter).

In der Praxis werden häufig alle drei Differenzierungstypen kombiniert (etwa Familie – Familie mit Baby – Mutter und Kind). Zudem ist die Familienmitglieder-Differenzierung oft lückenhaft:

- Schwangere („werdende Mütter") sind als Familienmitglieder eine sehr wichtige Teil-Zielgruppe mit speziellen Bedürfnissen und Potenzialen. Diese wird – abgesehen von Babyzubehör-Artikeln – häufig zu wenig bis gar nicht beachtet (selbst bei Anbietern, die Familien eingeschränkt-differenziert begegnen).

- Kinder werden von den ausgewählten Anbietern selten direkt angesprochen, obwohl sie mitunter an Kaufentscheidungen der Eltern/-teile beteiligt sind.

Die Bandbreite der Website-Gestaltungen liegt zwischen emotionalen und rationalen Texten bzw. Anmutungen. Im Handel stehen eher rational Produkte und Preise im Vordergrund. Auf Texte verzichtet bei dieser Zielgruppe jedoch kein Anbieter (wenn auch mitunter nur in Form von „Ratgebern"). Häufig gibt es allerdings keine einheitliche Linie in der Kundenansprache: Die persönliche Ansprache „Sie" wird ggf. zugleich mit dem „Du" verwendet und nicht immer ist sofort erkennbar, ob mit „Euch" Kinder oder Eltern gemeint sind. Eine weitere Variante ist, dass das Wort „Familie" zwar betont wird, als eigentliche Zielgruppe aber Frauen/Mütter indirekt angesprochen werden sollen.

„Tipps" für Eltern im Zusammenhang mit Kindern (z. B. zu Kleidergrößen oder Spielideen) sind offenbar sehr bedeutsam für Online-Anbieter (wie „Ernsting's family"), da sie sich vermutlich positiv auf Umsätze (wenn Tipps auch konkret mit Produkten verknüpft werden) sowie das Vermeiden von kostenintensiven Retouren (etwa wenn vor der Bestellung Kleidergrößen geklärt werden können) auswirken. Produkte alleine reichen in der Website-Praxis offensichtlich heute nicht mehr aus, wie die Beispiele zeigen – stattdessen Textmaterial in Blogs, Online-Artikeln u. ä.

4.4.2 Leistungs- bzw. Sortimentspolitik

Die analysierten Angebotsbeispiele deuten an, dass

- themenorientierte Ansätze stark verbreitet sind, d. h. ausgehend von den Themen Familien (mit Eigenschaft), Kinder/Babys oder Mütter Sortimente/Leistungen zusammengestellt werden;

- im hier ausgewählten Ferienparkbetreiber Familien ein relativ breites Angebot (zugeschnitten auf verschiedene Zielgruppenausprägungen) geboten wird;
- in den hier aufgeführten Einzelhandelsbeispielen das Sortiment begrenzt ist und es häufig zu einer Kombination aus Textilien (Kleidung, Wohntextilien), Schuhen, Spielzeug und anderen Artikeln kommt – zumeist in erster Linie für Kinder (Kindermode, Bettwäsche für Kinder, Kinderschuhe usw.);
- im Einzelhandel Kinderprodukte auch als Hebel genutzt werden, um Eltern bzw. Elternteilen Waren für Erwachsene zu verkaufen – z. B. bei „myToys", wo es Eltern leicht möglich ist, durch gut sichtbare Links Waren für sich zu bestellen, etwa Kleidung, Schuhe, Wohnartikel;
- „Service" bei der Zielgruppe Frauen und Mütter offenbar essenziell ist, da Zusatzleistungen mitunter an exponierter Stelle des Website-Auftritts stehen („Jako-o"). Hier soll vermutlich Entlastung für die eigene Lebensführung geboten und damit Vertrauen in den Anbieter erzeugt werden, um die Kaufbereitschaft zu erhöhen bzw. Wiederholkäufe anzuregen.

4.4.3 Preisoptik

Bei der Preisgestaltung wird sichtbar, dass alle hier näher betrachteten Anbieter für Familien möglichst preisgünstig wirken wollen und typische Praxismethoden nutzen (zum Einsatz von Preisinstrumenten siehe Abschn. 5.2.6). Diese Rationalität steht offenbar nicht im Gegensatz zu einer emotional-erlebnisorientierten Kommunikation, sondern ergänzt diese. Hier besteht aber für Anbieter die Gefahr, dass Preise zu viel Aufmerksamkeit erhalten, was zu renditemindernden Preiskämpfen führen kann. Die konkrete Vorgehensweise ist vielfältig: Die Zahl 9, aber auch die 5 spielen erfahrungsgemäß und auch hier eine wichtige Rolle, um eine knappe Kalkulation zu signalisieren oder den bei geringfügigem Aufrunden höheren – und potenziell abschreckenden – Betragseindruck zu vermeiden. Ziel soll zum Beispiel sein, dass möglichst viele Kunden etwa bei einem Betrag von „299 Euro" zunächst an „200" und nicht realistisch an „300 Euro" denken. Diese Maßnahmen sollen offenbar im

Einzelhandel noch dadurch verstärkt werden, dass selbst bei einer erkennbaren Linie (etwa, dass die Preise überwiegend auf 99-Cent enden)
gelegentlich Auflockerungen eingesetzt werden. Andere setzen grundsätzlich auf Vielfalt, u. a. im Rahmen der 00-, 95- oder 99-Cent- bzw.
glatten Zehner-Endungen (x,90). Die Preisoptik ist in der Praxis allerdings oft nicht klar und eindeutig und wirkt ggf. verwirrend.

Literatur

Autohaus24 GmbH (2018) Stichwort: Familienautos. https://www.autohaus24.
de/familienauto. Zugegriffen am 20.03.2018, 11.28 Uhr
C & A Mode GmbH & Co. KG (2018) Stichwort: Vertikalist. https://www.c-
and-a.com/de/de/shop. Zugegriffen am 05.06.2018, 14.40 Uhr
Center Parcs Europe N.V (2017) Stichwort: Ferienparkbetreiber. https://www.cen-
terparcs.de/de-de/familienurlaub_ms. Zugegriffen am 23.11.2017, 16.47 Uhr
Center Parcs Europe N.V (2018a) Stichwort: Ferienparkbetreiber. https://
www.centerparcs.de/de-de/ueber-uns_ms?pl=preheader. Zugegriffen am
08.06. 2018, 17.05 Uhr
Center Parcs Europe N.V (2018b) Stichwort: Preise. https://www.centerparcs.
de/de-de/ueber-uns_ms?pl=preheader. Zugegriffen am 14.06.2018, 16.55 Uhr
Corsten H (1990) Betriebswirtschaftslehre der Dienstleistungsunternehmen,
2. Aufl. R. Oldenbourg, München/Wien
DOSB e. V (2018) Stichwort: Praxisbeispiele Familie. http://www.familie-sport.
de/de/familie-und-sport/praxisbeispiele/praxisbeispiele-familie/. Zugegriffen
am 20.03.2018, 10.51 Uhr
Ernsting's family GmbH & Co. KG (2017) Von fröhlichen Familien empfoh-
len. www.ernstings-family.de. Zugegriffen am 13.12.2017, 18.14 Uhr
Ernsting's family GmbH & Co. KG (2018a) Von fröhlichen Familien empfohlen. www.ernstings-family.de/karriere/arbeitswelt/warum-ernstings-family/.
Zugegriffen am 06.06.2018, 15.30 Uhr
Ernsting's family GmbH & Co. KG (2018b) Stichwort: Tipps. https://www.
ernstings-family.de/blog/2015/11/tipps-indoorspiele-fuer-verregnete-tage/.
Zugegriffen am 20.06.2018, 16.17 Uhr
Ford-Werke GmbH (2018) Stichwort: Familienautos. https://www.ford.de/
fahrzeuge/familienautos. Zugegriffen am 15.05.2018, 11.45 Uhr

HABA (2018) Unsere Welt sind Kinder. Imagebroschüre der Habermaass GmbH, Bad Rodach. https://www.haba-firmenfamilie.de/documents/10182/148731/Unsere+Welt+sind+Kinder/e62acb3e-5c0b-4537-a373-8e91fddb7609?version=1.1. Zugegriffen am 09.05.2018, 12.05 Uhr

Jako-o Möbel und Spielmittel für die junge Familie GmbH (2017) Stichwort: Kinder und deren Familien. www.jako-o.de. Zugegriffen am 13.12.2017, 17.30 Uhr

Jako-o Möbel und Spielmittel für die junge Familie GmbH (2018) Stichwort: Kinder und deren Familien. https://www.jako-o.com/de_DE. Zugegriffen am 14.06.2018, 11.00 Uhr

KiK Textilien und Non-Food GmbH (2018) Stichwort: Textil-Discounter. https://www.kik.de. Zugegriffen am 05.06.2018, 14.39 Uhr

Kinderland Stuttgart GmbH (2018) Stichwort: Indoor-Spielplatz. http://www.tobidu.de/. Zugegriffen am 08.05.2018, 11.45 Uhr

Kroeber-Riel W, Weinberg P, Gröppel-Klein A (2009) Konsumentenverhalten, 9. Aufl. Vahlen, München

Landal GreenParks GmbH (2018) Stichwort: Ferienparkbetreiber. https://www.landal.de/thema/kinder/begegnungen/bollo. Zugegriffen am 01.06.2018, 13.56 Uhr

McDonald's Deutschland LLC (2018) Stichwort: Familien. http://www.mcdonalds.de/home. Zugegriffen am 20.03.2018, 11.49 Uhr

Meffert H, Bierwirth A (2002) Corporate Branding – Führung der Unternehmensmarke im Spannungsfeld unterschiedlicher Zielgruppen. In: Meffert H, Burmann C, Koers M (Hrsg) Markenmanagement. Grundfragen der identitätsorientierten Markenführung. Gabler, Wiesbaden, S 182–200

Meffert H, Bruhn M (1995) Dienstleistungsmarketing. Grundlagen, Konzepte, Methoden. Gabler, Wiesbaden

Meffert H, Bierwirth A, Burmann C (2002) Gestaltung der Markenarchitektur als markenstrategische Basisentscheidung. In: Meffert H, Burmann C, Koers M (Hrsg) Markenmanagement. Grundfragen der identitätsorientierten Markenführung. Gabler, Wiesbaden, S 167–179

myToys.de GmbH (2018) Stichwort: Einfach alles für Ihr Kind. https://www.mytoys.de/mkt/kategorien. Zugegriffen am 13.06.2018, 09.05 Uhr

Ravensburger AG (2018) Stichwort: Spieleanbieter. https://www.ravensburger.de/family-friends/family-friends-vorteile/index.html. Zugegriffen am 20.03.2018, 11.16 Uhr

ServiceValue GmbH (2018) Stichwort: familienfreundliche Unternehmen. http://www.servicevalue.de/wettbewerbe/branchenuebergreifend/familienfreundliche-unternehmen/. Zugegriffen am 12.06.2018, 17.27 Uhr

Takko Holding GmbH (2018) Stichwort: Textil-Discounter. https://www.takko.com/de-de. Zugegriffen am 05.06.2018, 14.30 Uhr

Telekom Deutschland GmbH (2018) Stichwort: Family Card. https://www.telekom.de/unterwegs/tarife-und-optionen/zweitkarten. Zugegriffen am 14.05.2018, 18.05 Uhr

Ternow F (2012) Marketing-Routenplaner. Strategien effizient erarbeiten. Kohlhammer, Stuttgart

Volber M (2013) Eine ganz besondere Zielgruppe. Familien haben als Kunden vielfältige Ansprüche. Für Unternehmen ist das eine Herausforderung – und eine Chance. In: Welt am Sonntag vom 18.08.2013. https://www.welt.de/119126456. Zugegriffen am 11.06.2018, 11.08 Uhr

Weinberg P (1992) Erlebnismarketing. Vahlen, München

5

Erfolg im Familien-Markt

Darum geht es Zur erfolgreichen Entwicklung oder Optimierung von Geschäftskonzepten im Familienmarkt findet sich in diesem Kapitel eine wahre Fülle an praxisrelevanten Handlungsansätzen. Ausgehend von einer einordnenden betriebswirtschaftlichen Auseinandersetzung mit auszuschöpfenden (Erfolgs-)Potenzialen, Erfolgsfaktoren, Strategiebildungen, Positionierungen und Wettbewerbsvorteilen folgen konkrete Strategieansatz-Vorschläge auf der Basis wichtiger abgeleiteter Erkenntnisse der vorangegangenen Kapitel: Wie positionieren, welche Markenpolitik, worauf bei einzelnen Kaufphasen achten usw., lauten entscheidende Fragestellungen. Doch damit nicht genug: Von der Zielgruppenauswahl bis zur Produkt-/Leistungspolitik, der Preis-, Distributions- und Kommunikationspolitik finden Unternehmer, Fach- und Führungskräfte geldwerte Checklisten, die strategisches und operatives Umsetzen voranbringen und Unternehmen zu neuen Erfolgen führen.

© Springer Fachmedien Wiesbaden GmbH, ein Teil von Springer Nature 2020
F. Ternow, *Familien als Kunden gewinnen*,
https://doi.org/10.1007/978-3-658-28608-8_5

5.1 Potenziale und Faktoren

Wirtschaftlicher Erfolg in familienbezogenen Märkten spiegelt sich vorrangig in den Ergebnisgrößen der dort agierenden Unternehmen als Gewinn, Umsatz, Marktanteil, Kundenzufriedenheitskennziffer usw. – innerhalb einer zuvor definierten Zeit (Geschäftsjahr) und im Verhältnis beispielsweise zu Branchen- und Konkurrenzwerten (vgl. o. V. 1988a, S. 1575 sowie o. V. 1988b, S. 1577; zur Erfolgsrechnung vgl. zum Beispiel auch Wöhe und Döring 2005, S. 929 ff.). Erfolg ist zugleich folgendermaßen definierbar:

> **Erfolg** ist „das Ergebnis effizienter operativer Unternehmensführung im Rahmen bestehender Potenziale." (Dillerup und Stoi 2016, S. 183)

„Potenzial" meint zunächst grundsätzlich „Leistungsfähigkeit" (vgl. o. V. 2007a, S. 829 f.) oder „vorhandene Leistungskapazität" (o. V. 1963, S. 523). „Bestehend" lässt sich als aktuell „vorhanden" interpretieren. Im Betriebsalltag werden „Potenziale" erfahrungsgemäß eher als auszuschöpfende vorhandene bzw. zukünftige Gewinnmöglichkeiten („Gewinnpotenzial", vgl. Bamberger und Wrona 2012, S. 20) verstanden, die bisher vom eigenen Unternehmen ungenutzt blieben.

5.1.1 Auszuschöpfende Potenziale

Auszuschöpfende vorhandene Potenziale weisen in der Praxis auf Versäumnisse bzw. strategische Fehlentscheidungen oder veränderte Marktbedingungen hin. In der Folge wird entsprechend gegengesteuert oder neu austariert. Ausschöpfen bedeutet dann beispielsweise, vom Unternehmen bisher zu wenig beachtete Angebotsbestandteile stärker strategisch zu forcieren: Die (Teil-)Leistungen sind gegenüber Familien deutlicher herauszustellen bzw. anders zu bewerben, mit höheren Preisen zu versehen usw. Dies kann erforderlich sein, weil sich die Erwartungen von Familien mit der Zeit verändert haben, eine Imageaufwertung stattgefunden hat oder Leistungsangebote mittlerweile zu komplex und unverständlich geworden sind. Wie in solchen Fällen oft vorgegangen wird, dazu einige Beispiele:

- Eine bisher ggf. vorhandene aber wenig beachtete Ansprache und Erreichbarkeit via Internet bzw. Mobilfunk wird als Verkaufsstrategie bei Familien intensiviert (z. B. durch „Apps" oder digitale Gruppen zur Kundenbindung). Denn Familien nutzen verschiedene Internetfunktionen zur „Organisation" des Familienalltags (wie Terminplanungen) oder für Onlinekäufe – abgesehen von Lebensmitteln (vgl. Kantar Deutschland GmbH 2017, S. 21 ff. sowie Abschn. 3.3 und 3.4).
- In Paketangeboten versteckte Teilleistungen werden künftig als Einzelangebote lukrativer vermarktet. Siehe zu Paketangebotsstrategien auch Abschn. 5.2 und 5.3. Beispiele: „Starkregen"-Versicherungen, die nicht mehr Bestandteil von Gebäudeversicherungen sind; technische Einzelkomponenten statt integrierende Geräte usw.
- Bereits etablierte Produkte lassen sich mitunter anhand alternativer Nutzungsaspekte anpreisen (z. B. Wein als Geschenk, Vinyl-Schallplatten für Sammler).

Auszuschöpfende zukünftige Potenziale verstehen Praktiker als zu realisierende Chancen, deren Nutzung ggf. zeit- und kostenintensive Aufbau- bzw. Vorarbeiten erfordern. Beispiel: Das Erschließen kaufkräftigerer Familienzielgruppen verursacht zunächst durch verstärkte Werbeaktivitäten Kosten, steigert dann aber im Idealfall auch tatsächlich den Umsatz und zahlt sich schließlich durch höhere Gewinne aus.

Erfolg hat also nicht nur eine vergangenheitsbezogene Dimension: Als Ziel oder Soll-Größe hat er auch eine zu realisierende Zukunftskomponente (vgl. Bamberger und Wrona 2012, S. 20).

5.1.2 Erfolgspotenziale

In der betriebswirtschaftlichen Literatur hat sich die Bezeichnung Erfolgspotenziale verbreitet. Sie gelten als „Voraussetzungen" (Gälweiler 2005, S. 26) dafür, dass in ferner oder naher Zukunft Erfolge möglich sind. Gemeint ist nach Gälweiler (2005, S. 26) „das gesamte Gefüge aller

jeweils produkt- und marktspezifischen erfolgsrelevanten Voraussetzungen, die spätestens dann bestehen müssen, wenn es um die Erfolgsrealisierung geht", also beispielsweise das Entwickeln von Produkten/
Leistungen oder das Aufbauen von „Produktionskapazitäten", die zum
Produktions- bzw. Verkaufsbeginn vorhanden sein müssen. Dillerup und
Stoi (2016, S. 181) richten ebenso den Blick auf Chancen; sehen Erfolgspotenziale als „Voraussetzungen" für den Erfolg der Zukunft an und be-
tonen zugleich, dass sich diese aus vorhandenen Wettbewerbsvorteilen
ergeben: Erfolgspotenziale sind hiernach „produkt- und marktspezifische,
technologische oder qualifikatorische Voraussetzungen für zukünftigen
Erfolg, die aus den Wettbewerbsvorteilen des Unternehmens aufgrund
dessen Positionierung im Wettbewerb und Ressourcengestaltung resultieren". Dabei „bemisst" nach Dillerup und Stoi (2016, S. 179) der „Wert
eines Wettbewerbsvorteils (…) die Erfolgspotenziale".

Maßgeblich für das Positionieren im Markt ist nach Porter (2014,
S. 23) die Zahlungsbereitschaft der Kunden: Wettbewerbsvorteile entstehen einerseits durch im Konkurrenzvergleich niedrigere Preise für
„gleichwertige" Produkte („Kostenführerschaft"). Oder sie resultieren andererseits aus „einzigartigen Leistungen" (z. B. in Bezug auf Qualität,
Service, Image), die höhere Preise als die der Konkurrenz erlauben –„Dif-
ferenzierung" (Porter 2014, S. 23).

Neben der Positionierung fällt der Blick auf die Ressourcen. Aus einem
„Bündel an materiellen und immateriellen Ressourcen, die entweder
selbst geschaffen oder erworben wurden" (Dillerup und Stoi 2016,
S. 182), setzen sich ebenfalls Erfolgspotenziale zusammen. „Materielle
Ressourcen" sind zum Beispiel eingekaufte Waren, Rohstoffe oder Pro-
duktionsmaschinen. „Immaterielle Ressourcen" sind beispielsweise Pa-
tente, Software oder qualifiziertes Personal.

Ob Erfolgspotenziale so genutzt, bewahrt oder weiterentwickelt werden, dass sie zum Erfolg werden, ist in erster Linie abhängig von der
Situation der Gesamtwirtschaft, der Branche und des eigenen Unternehmens (Dillerup und Stoi 2016, S. 183). Wie bedeutend Erfolgspotenziale
sind, folgt – wie schon deutlich wurde – „aus dem Marktpotenzial
und dem Kosten-/Leistungspotenzial eines Unternehmens" (Fischer
2000, S. 72).

Bei aller erkennbaren Verkomplizierung des Themas zeichnet sich in der Literatur abschließend immerhin dahingehend Konsens ab, zwischen einer auf Unternehmen bezogenen Innen- und Außensicht zu unterscheiden:

- „Interne" Erfolgspotenziale umfassen das „Kosten- bzw. Leistungspotenzial" (vgl. Dillerup und Stoi 2016, S. 181) – also kostengünstiger und leistungsstärker sein als die Konkurrenz sowie das Verfügen über Technologien oder kostensenkende Vorgehensweisen (vgl. Bamberger und Wrona 2012, S. 21).
- „Externe" Erfolgspotenziale sind marktbezogen, aus den angestrebten Wettbewerbsvorteilen abgeleitet (vgl. Dillerup und Stoi 2016, S. 181). Sie resultieren „aus (…) Märkten und Branchen", auf die sich eine Firma ausrichten kann (Bamberger und Wrona 2012, S. 21).

Organisatorisch zuständig ist die strategische Ebene der Unternehmensführung: Sie hat Wege zum Erreichen der Unternehmensziele zu finden. Sie muss dafür Voraussetzungen für Erfolg schaffen – wie ein zur Zielgruppe Familie passendes Neuprodukt kreieren – und bestehende Erfolgspotenziale weiterentwickeln bzw. zeitgemäß verbessern (vgl. Dillerup und Stoi 2016, S. 167). Kommt es allerdings z. B. zu einer Produkt-Elimination, weil ein Verbessern technisch nicht mehr möglich oder sinnvoll ist, sollte Ersatz geschaffen werden (zur Lebenszyklusstrategie vgl. z. B. Ternow 2012, S. 56 f.). An dieser Stelle zeigt sich der enge Zusammenhang zwischen Erfolgspotenzialen und Erfolgsfaktoren.

5.1.3 Erfolgsfaktoren

Erfolgsfaktoren beeinflussen Erfolgspotenziale gut oder schlecht; sie sind die „Ursachen für die positive oder negative Entwicklung eines Unternehmens" (Fischer 2000, S. 74) bzw. „als Ursachen für die Entstehung von (…) Unternehmungserfolg zu begreifen" (Krüger und Schwarz 1990, S. 179). Meistens sind es nur relativ wenige Erfolgsfaktoren, die einen Treffer oder Fehlschlag determinieren, über Erfolg oder Misserfolg entscheiden (vgl. Dillerup und Stoi 2016, S. 183).

Die Dimension lässt sich erkennen, sobald ein neues Produkt entwickelt wurde. Denn damit ist ein Erfolgspotenzial vorhanden. Entspricht aber die Qualität des Erzeugnisses (Erfolgsfaktor) nicht den Ansprüchen der Zielgruppe, kann dies ursächlich für Verluste sein (vgl. Becker 2006, S. 40, worauf noch zurückzukommen ist). Erfolgsfaktoren werden daher auch als „strategische" oder „kritische" Erfolgs- bzw. „Schlüsselfaktoren" bezeichnet (vgl. Krüger und Schwarz 1990, S. 180 sowie Schröder 1994, S. 89, vor allem Anmerkung 1). Der Ursprungssinn des Wortes „factor" als „Macher" (vgl. o. V. 2007b, S. 311) lässt sich dann vereinfacht als Gewinn- oder Verlustmacher interpretieren.

Bei der Strategiebildung hilft, dass Erfolgspotenziale durch Erfolgsfaktoren mess- und steuerbar werden – etwa die Qualität eines Produktes feststellen und ggf. nachjustieren (vgl. Dillerup und Stoi 2016, S. 183 f.). Denn der Erfolg einer Strategie ist stets unsicher, weil die Erfolgsfaktoren gut oder schlecht auf die Erfolgspotenziale und schließlich den Erfolg einwirken. Die Wirkung der Erfolgsfaktoren auf Erfolgspotenziale ist wiederum abhängig vom Geschäftsbereich. Sie kann unterschiedlich sein – was spezifische Strategien nach sich ziehen sollte.

Das Erforschen von Erfolgsfaktoren wird in der Betriebswirtschaftslehre einerseits mit vielfältigen empirischen Untersuchungen betrieben und ist andererseits bezogen auf gesicherte Erkenntnisse umstritten (vgl. z. B. Schröder 1994, S. 90; Nicolai und Kieser 2002, S. 579 ff. sowie Fritz 2004). Die Perspektive der Erfolgsfaktoren-Forschung ist allerdings nicht nur tendenziell vergangenheitsorientiert, sondern auch primär unternehmensbezogen, d. h. es werden Gemeinsamkeiten gesucht, die alle erfolgreichen Firmen (bisher) haben. Für Fritz (2004, S. 25) ist insbesondere die „Marktorientierung" als Schlüsselfaktor für alle Unternehmen gesichert, jedoch nicht immer von allen Betrieben umgesetzt.

Je nach Branche und Betriebstypen finden sich allerdings häufiger spezifische Erfolgsfaktoren, die sich auf alle Unternehmen gerade „nicht ohne weiteres übertragen" lassen (vgl. Schröder 1994, S. 101). Vielfach entscheidet die „Einzigartigkeit" über den Erfolg, nicht die „Imitation des in der Vergangenheit erfolgreichen" (Nicolai und Kieser 2002, S. 585 f.): Anderssein ist ggf. wichtiger, andere Wege zu gehen als andere, dabei zugleich Nachahmungsbarrieren aufzubauen, über „schwer imitierbare Ressourcen" zu verfügen oder ggf. gar – gesetzeskonform – Regeln einer Branche zu brechen. Zugleich kann sogar der Weg über andere Wirtschaftszweige versucht werden: Diese geben mitunter Anregungen oder Hinweise für Erfolgsfaktoren, mit denen sich ein Unternehmen in seinem Bereich von der direkten Konkurrenz abheben kann (vgl. Schröder 1994, S. 102). Zum Beispiel kann die Unterhaltungsbranche Händlern Ideen für erlebnisorientierte Läden bieten.

Als wichtige Erfolgsfaktoren im Marketing allgemein gelten u. a., ohne Rangfolge (vgl. Becker 2006, S. 40, 67, 369, 557 und 830):

- Alle Strategien „markt- und unternehmensadäquat" kombinieren,
- Kunden binden,
- nach hoher Produktqualität/-zuverlässigkeit streben,
- Marken „überall" erhältlich machen (soweit das Werbe- oder Verkaufsumfeld zum Image passt),
- Waren je nach Verkaufskanal kundenfreundlich zugänglich machen bzw. zügig liefern (Distribution/Absatzlogistik),
- um einen guten Service bemühen.

In den einzelnen Branchen finden sich dann stets spezifische Faktoren. So gelten zum Beispiel im Einzelhandel als besonders positive Erfolgsfaktoren (Schröder 1994, S. 92):

- Einen hohen „Stammkundenanteil" besitzen,
- viele kaufkräftige Einwohner erreichen (lohnenswerte „Stadtgröße", bevölkerungsreiches Einzugsgebiet mit hohem Kaufkraftniveau),
- eine gut frequentierte „Lage" haben bzw. in anderer Weise nah an den Kunden sein,
- in einem für die Kunden attraktivem örtlichen Umfeld sein („Standortqualität", die anlockt und eine längere Verweildauer fördert, baulich anziehende Gebäude etc.),
- eine ansprechende/originelle „Ladengestaltung" haben,
- einen hohen Umsatz je Quadratmeter bezogen auf die Verkaufsfläche erzielen,
- möglichst niedrige „Raumkosten" aufweisen,
- günstig einkaufen und verlässliche Lieferungen erhalten („Beschaffung"),

- „Kontinuität" im Sortiment wahren (Kunden wissen, was sie erhalten),
- gute „Mitarbeiterqualifikation und -motivation" bzw. zur Zielgruppe passendes Personal (z. B. nach Alter) haben.

5.1.4 Fazit

Als ein Fazit lässt sich festhalten,

- dass Unternehmen über interne Erfolgspotenziale und (positive) Erfolgsfaktoren verfügen müssen,
- zugleich viele kauf-/konsumbezogene Strukturen, Aktivitäten, Erwartungen und Einstellungen der Zielgruppe Familien als externe Erfolgspotenziale wahrnehmen,
- für die attraktive Angebote zu schaffen sind, um schließlich
- Erfolg im Markt der familienrelevanten Leistungen zu haben.

5.2 Anregungen und Strategieansätze für die Praxis

Wer sich auf Familien als Zielgruppe einlässt, kann viele oftmals noch ungenutzte Potenziale aufspüren und heben. Im Folgenden werden auf der Basis bisheriger Erkenntnisse erfolgversprechende Strategiebausteine herausgegriffen (s. Abschn. 5.2.1, 5.2.2, 5.2.3, 5.2.4, 5.2.5, 5.2.6, 5.2.7 und 5.2.8). Praktiker erhalten so konkrete Ansatzpunkte zur eigenen Inspiration.

Schlussfolgerungen aus Forschungsergebnissen und Praxisvergleichen in betriebliche Vorgaben zu lenken, ist allerdings äußerst schwierig. Nicht immer lassen sich eindeutige Arbeitsaufträge ableiten. Soweit möglich sollen hier aber Anregungen für die Betriebspraxis gewonnen werden. Dafür sind wichtige Erkenntnisse aus den vorangegangenen Kapiteln heranzuziehen. Diese sind als externe, marktbezogene Erfolgspotenziale (also Marktpotenziale) zu verstehen, die bisher ggf. noch nicht gehoben wurden oder sich erst in der Zukunft auszahlen. Basierend auf den ausgewählten Potenzialen werden als Anregungen für die Praxis die folgenden

Aussagen im Sinne von Faktoren formuliert, die – individuell abgestimmt auf das eigene Unternehmen – zu Erfolgen führen können. Sie sind als *Teil- oder Unter-Strategien im Rahmen übergeordneter Unternehmens- bzw. Marketing-Strategien* zu verstehen und können direkt in Strategieprozesse einbezogen werden. Zur Vorgehensweise im Strategiebildungsprozess siehe z. B. Ternow (2012). Die aufgeführten Strategieansätze bleiben allerdings Vorschläge, die andere Wege offenlassen. Was im Familien-Marketing u. a. machbar ist, kristallisiert sich im Folgenden für verschiedene Strategiebereiche heraus.

5.2.1 Differenziert positionieren

Im Fokus von Differenzierungs-Strategien steht zunächst die Konkurrenz, von der sich ein Unternehmen abzuheben hat – um bei den Kunden eine einzigartige, unverwechselbare Position einzunehmen bzw. Bereiche eines Marktes abzudecken, den andere so nicht abdecken können (vgl. Porter 2008, S. 75 sowie Ternow 2012, S. 37).

Kauf- und Konsumentscheidungen von Familien oder Familienmitgliedern unterscheiden sich je nach Produkt oder Dienstleistung, wie die Forschungsergebnisse vermuten lassen (Kap. 2 und 3). Zudem ändern sich Bedürfnisse, etwa in verschiedenen Lebensphasen (Kap. 1). Daher ist in familienrelevanten Märkten eine differenzierte Positionierung – zu den Positionierungsgrundlagen vgl. z. B. Becker (2006, S. 248 f. u. a.) – zu prüfen, die sich auf verschiedene Ausprägungen innerhalb eines Teilmarktes bezieht: Bewährt hat sich offenbar in der Praxis beispielsweise, Familienmitglieder einzeln (z. B. Mütter) oder kombiniert (Mütter und Töchter) anzusprechen (Kap. 4). In anderen Fällen wählen Praktiker oft eine eingeschränkt-differenzierte Ansprache (Familien mit Kindergartenkindern usw.). Ansätze zum Differenzieren bilden dann etwa Merkmale der Kinder (Kap. 1).

Im Kern muss es zur Erfolgsrealisierung also darum gehen, das Zusammenspiel von Individuum (Familienmitglied) und Gruppe (Familie insgesamt) differenziert zu bedienen: Einzelne Familienmitglieder sind als Individuum zu erreichen, als Beeinflusser der übrigen Angehörigen, als Fremdkäufer, als Fremdkaufauftraggeber oder als Konsument/Nutzer/

Beschenkter. Oder die Familie ist als Ganzes anzusprechen. Abb. 5.1 fasst diese Grundüberlegungen zusammen.

Andere Wege als die Konkurrenz einzuschlagen kann für eine zu definierende Zeitspanne Wettbewerbsvorteile bringen und neue Kundengruppen erschließen. Dazu zählen etwa passende Angebote für typische oder selbst untypische Lebensphasen (wenn zum Beispiel erwachsene Kinder wieder einziehen). Auch Alter und Wohnort bergen viele

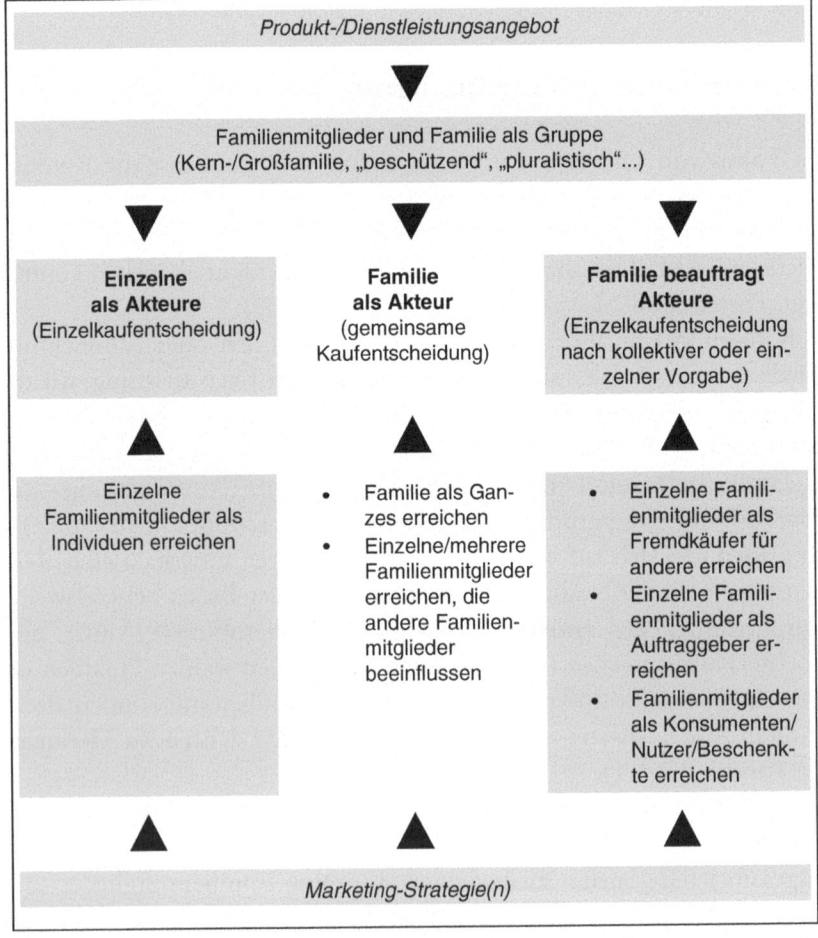

Abb. 5.1 Angebotsdifferenzierung: Handlungsebenen und Erreichbarkeit

Potenziale: Angebote für ältere Paare (die für Enkel kaufen oder für sich Nachholbedarf haben) oder Familien mit Minderjährigen, die meist in kleinen/mittleren Kommunen leben. Weitere Differenzierungsansätze:

a) Erste Angebote noch vor der Familiengründung schaffen

Schwangere („werdende Mütter") sind als Familienmitglieder eine sehr wichtige Zielgruppe mit speziellen Bedürfnissen, wie die Praxisbeispiele (Abschn. 4.3) zeigen. Diese sollten gerade auch mit Blick auf Kundenneugewinnung und -bindung gewonnen werden. Denn wer schon als Schwangere das Angebot kennt und schätzt, kauft vielleicht auch nach der Geburt des Kindes weiter für sich und das Kind ein. Gleiches gilt in der heutigen Zeit ggf. auch für „werdende Väter", die bei den Überlegungen mit einzubeziehen und für die eigene Ansätze zu erstellen sind.

b) Das erste Kind erwartende Eltern besonders umwerben

Grund: Die Konsumausgaben sind für das erste Kind tendenziell höher als für Geschwisterkinder (Kap. 2). Unternehmen sollten daher produktpolitisch überlegen, wie sie von Erstausstattungs-Plänen der Kunden profitieren. Dabei sind Branchengrenzen möglichst zu überwinden. Viele Möbelhäuser bieten zum Beispiel bereits Kinderwagen u. ä. Typische Gelegenheiten zur Ansprache bieten auch Geburtsvorbereitungskurse.

c) Passgenaue Angebote für wachsende Familien schaffen

Wurde erheblich in das Erstgeborene investiert, erlahmt ggf. die Kaufbereitschaft bei den Geschwistern, vieles wird weitergenutzt (Kap. 2). Daher sind Lösungen zu überlegen, die es Eltern erleichtern, sich von der Erstausstattung leichter zu trennen. Ein Ziel könnte sein: Mit der Zielgruppe als Anbieter „mitwachsen" und stets aktuell relevante Angebote bereithalten. Realisiert etwa durch Abonnementsysteme bei Kinderzimmermöbeln oder Kleidung. Dies setzt eine funktionierende Kundendatenbank voraus.

d) Dem Verzicht der Eltern auf Konsum entgegenwirken

Lösungen sind zu finden, die den mit zunehmender Familiengröße bei sich selbst stetig sparsameren Eltern Konsumhemmungen zu nehmen. Ansätze sind beispielsweise Strategien nach dem Verdienst-Prinzip:

„Kleiner-Luxus-zwischendurch" oder „sich-mal-etwas-gönnen" (Kap. 2). Hilfreich dabei: Eltern(teile) sind am Bereich „Wohnen" interessiert und investieren in Innenausstattung und Haushaltsgeräte (Kap. 2).

e) Günstige Angebote für Mehrkind-Familien schaffen
Hierbei stehen nutzenorientierte Konzepte im Fokus. Zu diesen zählen zum Beispiel Paketangebots-Strategien (vgl. Ternow 2012, S. 66; zu den Ausprägungen so genannter „subadditive bundles" vgl. Liebmann et al. 2008, S. 566): Es werden mehrere, sich ergänzende Produkte zu einem „Komplettpreis" angeboten, der möglichst niedriger ist als die Summe der Einzelpreise (wie Kinderjacke + Mütze + Handschuhe). Ziel ist, den mit wachsender Kinderzahl sinkenden Ausgaben für das einzelne Kind entgegenzuwirken (Kap. 2).

f) Familien mit älteren Kindern Hochwertiges anbieten
Das Einkommen von Familien steigt vielfach mit dem Alter der Kinder (Kap. 2). Anzubieten sind eine hochwertige Produktqualität bzw. hochpreisige Marken. In persönlichen Verkaufsgesprächen sind möglichst höherpreisige Waren oder Dienstleistungen zu forcieren. Dies wird auch als Hochverkaufen bzw. „upgrading" oder „upselling" bezeichnet – hier also Angebotsaufwertung durch Versuche, die Kaufinteressenten zum Kauf teurerer Produkte oder Produktvarianten zu bewegen (vgl. z. B. o. V. 1994, S. 1175).

g) Für Jugendliche Begegnungsstätten schaffen
Da Jugendlichen Kontakte mit Gleichaltrigen und Musik am wichtigsten sind (Kap. 3): Residierende Branchen (Einzelhandel, Gastronomie, Freizeittreffs, Fitness-Studios etc.) sollten lokalen Treffpunktcharakter erzeugen (Motto: „Da ist was los!"). Beispiele: Musik abspielen, Anreize für Aufenthalte und für Nachrichtenaustausch per Internet schaffen etc.

h) Für jugendliche Onlinekäufer erreichbar sein
Jugendlichen Onlinekäufern eine Adresse geben, damit sie je nach aktuell favorisierten Medien (zum Beispiel per Smartphone) Kontakt zu Anbietern aufnehmen können. Dies erfordert ggf. Personal, das für Unternehmen auch zeitnah antwortet.

i) Weibliche Jugendliche umwerben

Sie sollten als wichtige Beeinflusser von Familien-Entscheidungen stark fokussiert werden (Kap. 3).

j) Leistungen geschlechtsspezifisch anbieten

Produkte oder Dienstleistungen können von weiblichen und männlichen Kunden verschiedenartig wahrgenommen werden und individuell unterschiedlichen Nutzen stiften. Einzelne Leistungsfacetten müssen daher nicht alle zugleich und für alle Familienmitglieder identisch herausgestellt werden. Jeweils spezifische Informationen für weibliche und männliche Familienmitglieder in passenden Medien – wie Frauenzeitschriften, Zeitschriften für Mädchen und Jungen, Chats – sind bereitzustellen (vgl. auch Dahlhoff 1980, S. 264). Was zu beachten ist: Da sich klassische Rollenbilder zunehmend auflösen, sollte auf „stereotypische Rollendarstellungen" (Kroeber-Riel et al. 2009, S. 511) verzichtet werden. Ggf. sind die Produkte dann eher geschlechtsneutral zu positionieren und gerade nicht nach „typischen" Männer- und Frauenprodukten zu differenzieren (Böcker 1987, S. 23). Darüber hinaus wichtig:

* Männern – je nach Produkt – möglichst vertiefende Informationen offerieren, da sich diese vielfach intensiv vor Käufen informieren. Darüber hinaus erteilen Männer häufig Fremdkaufaufträge, was in Angebote einfließen sollte (Kap. 3).
* Bei Frauen berücksichtigen, dass diese zunehmend berufstätig sind, ggf. das Haupteinkommen der Familie erzielen und oft Fremdkaufaufträge ausführen (Kap. 3).

k) Partnerschaftsverhältnis der Eltern beachten

Eine wesentliche Grundlage von familiären Kauf- und Konsumentscheidungen ist der Umgang der Ehe- oder Lebenspartner (Kap. 3) miteinander. Spezielle Angebote sollte es beispielsweise geben für

* glückliche Paare, da diese konsumfreudig sind und eher kaufen (v. a. gemeinsam nutzbare Produkte, etwa Aktionen wie „Tag des glücklichen Ehepaares", zur Silberhochzeit usw.

- „Partnerschafts-Familien", in denen die (Ehe-)Partner gleichberechtigt und kooperativ miteinander umgehen. Entscheidungshilfen können hier verkaufsfördernd sein, da Kaufprozesse oft langwieriger sind.

l) Familien auch über die Kinder erreichen

Kommunikation mit Familien sollte sich nicht auf Erwachsene beschränken. Stattdessen ist bei bestimmten Marken/Produkten (vor allem des täglichen Bedarfs) mehr mit den Kindern zu kommunizieren, sind diese auf vielen Werbekanälen möglichst direkt mit anzusprechen. Ziel ist, dass Kinder dann ihre Eltern (insbesondere Mütter) zum Kauf animieren bzw. sich an Kaufentscheidungen der Eltern/-teile beteiligen (vgl. Böcker und Thomas 1983, S. 250). Diese zwar weit verbreitete Vorgehensweise kann jedoch erfahrungsgemäß bei Eltern ggf. Stress und Reaktanzen (Abwehrreaktionen) gegen Geschäfte, Produkte oder Dienstleistungen auslösen. Die Ansprache sollte daher fair, nutzenorientiert und geschickt erfolgen („Bollo"-Beispiel in Kap. 4).

Weiterer Aspekt: Bei der Kinderansprache *Zusatznutzen für Eltern* schaffen. Da Eltern meistens auch bei Produktangeboten, die sich vordergründig an Kinder richten, letztlich über Käufe entscheiden, sind spezifische Nutzenvorteile für Eltern zu entwickeln. Beispiel Entspannung/Genuss: Eine attraktive Kinderbetreuung ermöglichen und zugleich darauf hinweisen, dass Eltern „loslassen" können, da ihre Kinder gut betreut sind.

m) Fremdkäufer bedienen, eigene Kaufwünsche schüren

Spezielle Strategien sind zu entwickeln, um familiäre Fremdkäufer zu erreichen und zu bedienen.

Ein Aspekt, da der eigentliche Nutzer nicht beraten werden kann: Online- und Offline-Lösungen finden, damit Fremdkäufer Erwartungen und Bedingungen der Nutzer sowie fehlende Nutzererfahrungen und -erprobungen ausgleichen können. Beispiele: Bedienungserklärungen, Anwendungs- oder Pflegehinweise, separate Schulungen für Nutzer, Körpergrößeneinschätzung für Bekleidung.

Ein weiterer Aspekt: Fremdkäufer als Kunden in eigener Sache gewinnen. Suchen Familienmitglieder in ihrer Eigenschaft als Fremdkäufer für andere Produkte, finden sie zusätzlich zu diesen Hinweise für eigene

Kaufideen (Abschn. 4.3.4, Abschn. c). Beispiel: Ein Familienmitglied sucht Kleidung für Kinder und findet auch Anregungen für eigene Kaufwünsche (etwa Kleidung und Kosmetik).

n) „Freunde" als Neu-/Zusatzkunden gewinnen

Beim Ausrichten auf Familien sollten ggf. auch „Freunde" mit einbezogen, der Zielgruppenfokus erweitert werden. Mitunter haben diese eine Bedeutung für Familien wie Verwandte. Dadurch lässt sich der Kundenkreis erweitern bzw. es können neue Kunden gewonnen werden. Hierzu sollte um Empfehlungen gebeten werden oder Freunde in die Familienansprache integriert werden (Abschn. 4.2).

5.2.2 Markenbindung fördern

Um Familienmitglieder an Marken zu binden und diese Verbundenheit zu erhalten, sollten strategische Aufbau- und Rückführungsprozesse initiiert werden. Dies kann nach Esch und Gawlowski erfolgversprechender sein als das Abwerben von Konkurrenzmarken-Nutzern (vgl. Esch und Gawlowski 2013, S. 303 ff.).

- **Aufbauprozesse:** Früh in „Vertrautheit" investieren und Marken in der „Erlebnisumwelt der Kinder (…) verankern" (Beispiel „Bobbycar"-Spielrutschauto mit Design/Logo einer bekannten Automarke); eine „emotionale Bindung" erzeugen, also: Eltern – insbesondere Mütter – als „Markenbotschafter gewinnen"; Marken zu einem „vertrauensvollen Partner aufladen"; Konsumenten eigene „Persönlichkeit" über Marken definieren lassen; Marken möglichst „mitwachsen" lassen, also Kunden ins Erwachsenenalter begleiten (Esch und Gawlowski 2013, S. 315). Marken sollten daher so in einen Markt eingeführt werden, dass sie eine lange Nutzungsoption erhalten und für alle Familienmitglieder möglichst „ein Leben lang relevant sind" (Esch und Gawlowski 2013, S. 315; dabei sollte jedoch mit Kindern und Erwachsenen passend kommuniziert werden). Käufer und Nutzer sind jedoch mitunter unterschiedlich, bzw. es vollzieht sich ein Rollenwandel: Die Nutzer im Kindesalter werden zu Käufern im

Erwachsenenalter, die wiederum nicht für sich selbst, sondern für die eigenen Kinder ihnen bekannte Marken kaufen (wie bei Spielsachen). Oder Marken aus der Kindheit können erst kaufrelevant werden, wenn die Käufer erwachsen sind (etwa bei Autos).

• **Rückführungsprozesse:** Vor allem jungen Erwachsenen Marken ihrer Kindheit anbieten – sowohl als Käufer als auch wieder als mögliche Nutzer (soweit realistisch). Dies fördert deren Wunsch nach Erinnerung an die Kindheit und erzeugt den emotionalen Erlebniswert Geborgenheit (gelingt oft bei Nahrungsmitteln und Körperpflegeartikeln).

5.2.3 Kaufphasen beachten

Kaufen und Konsumieren erfolgt meistens in verschiedenen Phasen, die sich zum Beispiel als „Vorkauf", „Kauf" und „Nachkauf" einteilen lassen (zu den Begriffen vgl. z. B. Burmann 1991, S. 251). Die Vorkaufphase[1] lässt sich bei einzelnen Familienmitgliedern, von der Familie beauftragten Akteuren sowie der Familien als Gruppe wiederum einteilen in „Anregungs-, Informations- und Entscheidungsphase" (Schneider et al. 2010, S. 164). Dabei sei noch einmal daran erinnert, welche Entscheidungen Paare gemeinsam treffen und welche nicht (vgl. Abschn. 3.2.3). Letztlich kommt es darauf an, Familien zum Kauf anzuregen (z. B. durch qualitativ gute Waren, erlebnisorientierte und informative Websites) und Entscheidungen zu fördern.

In der *Kaufphase* erfolgt der eigentliche Kaufakt (sofern es nicht zu Entscheidungsänderungen kommt), zum Beispiel durch einen von der Familie beauftragten Käufer. Dazu muss beispielsweise die Ladenausstattung ansprechen, das beratende Personal zur Zielgruppe passen usw., damit der Kauf auch erfolgt.

---

[1] Familien bzw. Familienmitglieder werden auf ein Produkt aufmerksam, Informationsaufnahme-/Verarbeitungsprozesse vollziehen sich etc., vgl. z. B. Wiswede 1991, S. 274 ff. Es kommt zu einer längeren (extensiven), begrenzt-aufwändigen (limitierten), gewohnheitsmäßigen (habitualisierten) oder spontanen (impulsiven) Kaufentscheidung, vgl. z. B. Weinberg 1981, S. 13 ff. Ob Familien als Gruppe impulsiv entscheiden, bleibt hier ungeklärt. Nach Dahlhoff (1980, S. 247) zeigen sich bei höherwertigen Gütern extensive Kaufentscheidungen. Siehe dazu Abschn. 3.4.1 und 3.4.3.

In der *Nachkaufphase"* (vgl. u. a. Hansen und Jeschke 1992, S. 88
und 91) können u. a. Zweifel an der gewählten Ware oder Dienstleistung
auftreten, so dass Familien oder Familienmitglieder mitunter nach Informationen suchen, um Bestätigung über die Richtigkeit der Entscheidung
zu erlangen. Gemeint sind „kognitive Dissonanzen", die bei immer ähn-
licheren Alternativangeboten stärker werden (vgl. z. B. Meffert 1986,
S. 157 f.; Wiswede 1991, S. 277). Hier sollte vorausschauend kommuniziert werden, zum Beispiel durch Dank-Briefe mit Erläuterungen, warum
das gewählte Produkt so gut bzw. besser als andere ist usw. Sind die Zweifel nicht zu beseitigen oder sprechen gar objektive Gründe für einen
Kaufirrtum – etwa weil Bekleidung nicht passt, Möbel nicht mit der übrigen Einrichtung harmonieren, die Qualität zu schlecht ist –, kommt es
oft zu Umtäuschen oder Rückgaben. Um die Kunden nicht zu verlieren,
sind familienfreundliche Retourenregelungen zu erstellen. Dabei müssen
aber die Kosten im Blick bleiben (s.Abschn. 5.2.7). Allein für die verschiedenen familienbezogenen Kaufphasen Strategien zu haben, begrün-
det erhebliche Erfolgspotenziale.

5.2.4 Familien-Zufriedenheit fördern

Sowohl die einzelnen Kaufepisoden als auch die Gesamtsicht auf alle
Phasen und "Kontaktpunkte" zwischen Unternehmen und Familienmitgliedern wirken sich auf Zufriedenheit und Unzufriedenheit letzterer
aus – dies wird besonders deutlich bei Dienstleistungen oder Produkten
(wie Autos), die mit Zusatzleistungen eng verknüpft sind (vgl. Stauss und
Seidel 1995, S. 186 ff., v. a. S. 191 und 193). Bei Dienstleistungen können Unzufriedenheiten mit jedem „Kontaktpunkt", mit jeder Teilepisode
(„Teilzufriedenheiten") u. a. das kumulierte Gesamtzufriedenheitsbild
eintrüben („Vorkaufphase" = „Shopping Satisfaction", „Kaufphase" =
„Buying Satisfaction", „Nachkaufphase" = „Consuming Satisfaction",
vgl. Burmann 1991, S. 251).
    Die Zufriedenheit der Familie als Gruppe bzw. einzelner kaufrele-
vanter Familienmitglieder sollte daher gezielt gefördert und periodisch
gemessen werden (letzteres etwa direkt durch Befragungen oder indirekt
durch Lob- und Beschwerdeauswertungen): Bei zufriedenen Familien-

mitgliedern bzw. Familien insgesamt sind die Chancen größer, dass sie zu Stammkonsumenten und Wiederholkäufern werden und sich an ein Unternehmen binden (vgl. Simon und Homburg 1995, S. 18 sowie Homburg und Rudolph 1995, S. 36 ff.). Familien/Familienmitglieder sollten möglichst mehr erhalten, als sie erwarten und immer wieder positive Erfahrungen sammeln (vgl. Homburg und Rudolph 1995, S. 36 ff.). In der Einzelhandelspraxis werden zum Beispiel positive Überraschungen für Kunden eingesetzt: Kleine Geschenke, Zugaben, Geburtstagsgrüße etc.

Damit das Zufriedenheitsfördern gelingt, sind Kauf und Konsum getrennt voneinander zu betrachten. Denn selbst wenn zum Beispiel der beauftragte Fremdkäufer zufrieden war, kann die Familie insgesamt unzufrieden sein, von Kaufwiederholungen abraten bzw. absehen, Waren zurückgeben oder umtauschen, sich negativ über das Unternehmen äußern (Mund-zu-Mund, in sozialen Medien) usw.

Weil in vielen Familien gemeinsame Kaufentscheidungen zu Kontroversen führen (Kap. 3): Wo extensive Kaufentscheidungen zu erwarten sind, sollten Angebote ggf. konfliktmindernde Elemente enthalten, um beschleunigend zu wirken (etwa gemeinsame Beratung entscheidender Familienmitglieder).

5.2.5 Themen setzen

„Themenorientierung" umfasst eine produkt- und kommunikationspolitische Verkaufsstrategie, die zeitlich unbefristet – im Gegensatz zu Verkaufsveranstaltungen/„Events" – sein kann und vielfach keine Rücksicht auf hergebrachte Branchenaufteilungen nimmt. Vielmehr wird ausgehend von der festgelegten Zielgruppe bzw. vom Familienbedarf (oder dem Bedarf einzelner oder ausgewählter Familienmitglieder) ein passendes – in der Praxis meistens in Breite und Tiefe begrenztes – Angebot um diese herum aufgebaut. Dies können bei Familien-Strategien im Handel etwa Produkte rund um verreisende Familien sein (Abschn. 4.3.3 sowie 4.4.2).

Themensetzungen lassen sich mit „Erlebnis-Strategien" („Abenteuer-Urlaub") und so genanntem „Story-Telling" (Geschichten, etwa zur Entwicklung eines Urlaubslandes) verknüpfen (vgl. z. B. Ternow 2012, S. 41). Weitere Aspekte in diesem Zusammenhang:

a) Inhalte produzieren, anbieten und pflegen
Waren oder Dienstleistungen anzubieten reicht alleine in der Praxis vielfach nicht mehr, wie die Beispiele in Kap. 4 zeigen. Stattdessen wird Textmaterial für Blogs oder Online-Beiträge gebraucht, die etwa die Qualität oder Nutzungsmöglichkeiten von Produkten erörtern. Dies erfordert ggf. den Einsatz von Mitarbeitern oder Dienstleistern, die die Texte erstellen und ggf. auch Ansprechpartner sind, Blogs pflegen, Anrufe annehmen, E-Mails oder Briefe beantworten.

b) Tipps für Eltern mit Produkten verbinden
Damit kann der Umsatz zusätzlich angekurbelt werden. Vorgehen: Werden beispielsweise als Ratgeber „Spielideen für Regentage" auf der Homepage aufgeführt, so lassen sich diese etwa mit Brettspielen oder anderen Produkten aus dem Sortiment verknüpfen (Abschn. 4.3.2).

c) Konsistent persönlich kommunizieren
„Liebe Eltern", „Family", „Du" oder „Sie" – je klarer die Ansprache, desto eher lassen sich Familienmitglieder erreichen (Kap. 4). Es kommt darauf an, sich für eine Linie zu entscheiden und diese konsequent in der Ansprache durchzuziehen – damit Familien bewusst wird, ob die Kinder, die Großeltern oder die Familie insgesamt angesprochen wird. Der Begriff „Familie" sollte v. a. verwendet werden, wenn alle Familienmitglieder gemeint sind.

5.2.6 Preisinstrumente nutzen

Preispolitisches Vorgehen von Anbietern beeinflusst die Kaufentscheidungen von Familien grundlegend (Abschn. 3.4). Für den Unternehmenserfolg im Familien-Markt (speziell im Online- und stationären Einzelhandel) empfiehlt sich daher einmal mehr ein eng abgestimmtes Verzahnen der Marketing-Mix-Instrumente (insbesondere der Preis- und

Produktpolitik). Wichtige Hintergründe zur unternehmensindividuell passenden Vorgehensweise:

Erstens
Preisstrategien für Familien sollten

- charakteristische Anforderungen der Zielgruppe,
- damit zusammenhängende Ziele (Marktanteile, positives Qualitätsimage usw.) sowie
- Verhaltensweisen anderer Marktteilnehmer (Konkurrenten, Staat usw.) berücksichtigen und
- unternehmensbezogene Vorgaben (Gewinn-/Umsatz-/Absatz-/Kostenziele usw.) beachten (vgl. Ternow 2012, S. 68 ff.).

Zweitens
Preispositionierungen im Vorstellungsbereich der Familien oder Familienmitglieder haben kommunikative und verhaltensbezogene Dimensionen. Dazu ist

- die „Preiskenntnis" (Müller-Hagedorn 2005, S. 284 f.) bzw. das „Preiswissen" (Liebmann et al. 2008, S. 558 f.) der Familien zu prägen, pflegen oder zu erschweren und damit
- ein „Preisimage" bei Familien aufzubauen, zu erhalten oder zu ändern sowie die „Preiszufriedenheit" zu fördern, zu erhalten oder zu verbessern (Diller 1994, S. 906 f. sowie Diller und Müller 2003).

Die Kauf- (Produkt), Besuchs- (z. B. Geschäft, Online-Shop) und Werbehäufigkeit, aber auch das persönliche Preisinteresse („involvement") dürften auch im Fall beteiligter Familienmitglieder Wissen und Erwartungen, Einstellungen und Vorstellungsbilder über die Preise eines Anbieters bzw. eines Angebots für Familien oder Familienmitglieder prägen (vgl. Müller-Hagedorn 2005, S. 284 f.). Ähnliches dürfte analog für Produkte gelten. Exakte numerische Kenntnisse über Preise haben Konsumenten allerdings eher selten, vorherrschend sind eher „vage" bzw. um den tatsächlichen Preis knapp schwankende Preiserinnerungen (vgl. Schneider et al. 2009, S. 223 ff. und 221). Es dominiert häufig ein

„Preisgefühl" (vgl. Kenning et al. 2005, S. 3). Aber ob Gefühl oder exakte Kenntnis: Der Genauigkeitsgrad dürfte letztlich von der Wertigkeit der Produkte (Schokolade- oder Autokauf) und der damit einhergehenden Intensität der Kaufentscheidung abhängen.

Die Preisforschung der letzten Jahre zeigt allerdings, dass Anbieter vielfach renditefördernde *Preiserhöhungsspielräume* haben (und zum Vorteil von Familien verschenken), da

- die Konsumenten Preise oft höher einschätzen als sie tatsächlich sind,
- die Preise von Eigen- oder Handelsmarken weniger bekannt sind, als die von namhaften Herstellermarken (vgl. Kenning 2003, S. 10 f.).

Auch ein tiefes Angebot mit entsprechend großer Preisbandbreite (z. B. bei Zahnpasta) mindert demnach das Preiswissen, während ein flaches Sortiment zu einem vermutlich besserem Überblick und damit besserem Preiswissen führt. Offenbar beeinflussen u. a. auch das Alter (denkbar: viel/wenig Einkaufserfahrung, Vergesslichkeit bei älteren Familienmitgliedern u. a.), die Region (viel/wenig Auswahl, Mentalitätsunterschiede usw.) und die gesamtwirtschaftliche Situation (Boom, Aufbruchsstimmung, Krise, Unsicherheit/hohe Inflationsrate u. a.) das Preiswissen der Konsumenten (vgl. Kenning et al. 2005, S. 4 f.). Anbieter müssen sich also analog zur Produkt- auch in der Preispolitik grundsätzlich entscheiden, wer (z. B. jüngere oder ältere Familienmitglieder), wo (Groß-/Kleinstadt, Internet) und wie (hoch- oder niedrigpreisig) angesprochen werden soll, mithin welches Preisbild sie liefern wollen. Möglicherweise werden daher bei einer Produktpolitik mit themenorientierter Vorgehensweise (etwa mit einem tiefem Produktangebot für verreisende Familien), niedrigpreisorientierte Familien eher nicht erreicht.

Wer allerdings preisorientiert kaufende Familien bedienen will, sollte nicht nur Niedrigpreise –„Dauerniedrigpreise" (Liebmann et al. 2008, S. 569) im Vergleich zur Konkurrenz oder regelmäßige Sonderangebote –, sondern auch ein überschaubares Angebot bieten. Auch so genannte „Referenzpreise" (Schneider et al. 2009, S. 230) bei einzelnen Artikeln – die z. B. die eigenen Preise vor einer Preissenkung oder die sonst im Markt üblicherweise verlangten thematisieren – helfen ggf. weiter, um ein Niedrigpreisimage zu etablieren. Zu beachten ist bei Niedrigpreis-Strategien, insbesondere im Einzelhandel – hier abgesehen von Rechtsaspekten (s.Abschn. 5.3.3; vgl. auch o. V. 2019): Diese müssen in der Regel durch Mehrumsätze bei nicht betroffenen Waren oder niedrigere Einkaufspreise ausgeglichen werden. Sind also dauerhaft niedrige Preise bzw. kurzzeitige Senkungen (Rabatte) bei Angeboten für bestimmte Familienzielgruppen geplant, bedarf es Ausgleichsgeber bei anderen Produkten oder andere Beschaffungsstrategien, um die Rendite zu sichern. Zu häufige Sonderangebote können erfahrungsgemäß zudem Stammkunden verärgern (v. a. bei Vergünstigungen für Neukunden), zu Kaufaufschüben (weil es ja vielleicht noch billiger wird) oder zu Vorratskäufen führen. Vorratskäufe werden in der Praxis in Kauf genommen (Motto: Drei Produkte mitnehmen, zwei bezahlen) – vermutlich deshalb, weil die Aktionen Lagerräumungseffekte haben und sich positiv auf die Kundenbindung von Familien auswirken. Das Urteil der Konsumenten über die „Preisgünstigkeit" (Müller-Hagedorn 2005, S. 285 ff. und 303) bezieht sich auf einzelne Produkte/Leistungen (ggf. auch ganze Warengruppen) und das Preisniveau des Geschäftes, der Betriebsform oder sonstigem Einkaufs- oder Buchungskanals. Das Preisimage des Verkaufskanals als Marke – „retail brand", Geschäftsstätten-/Unternehmensmarke (vgl. Ternow 2012, S. 78) – kann Familien die Kaufentscheidung erleichtern.

Drittens
Wer als Anbieter auf Preisdifferenzierung (vgl. Liebmann et al. 2008, S. 564 f.) im Rahmen von Verkaufsförderungsaktionen setzt, für den bieten sich vielfältigste Ansätze. Allerdings sind auch hier im Einzelfall ggf. rechtliche Aspekte zu beachten (siehe z. B. Abschn. 5.3.3 und o. V. 2019). Letztlich zielen die Preisdifferenzierungsansätze meistens auf Mengen-/ Lagerräumungseffekte. Hier Beispiele:

- „composite bundle pricing", niedrigere Preise bei größerer Absatzmenge, d. h. etwa ab dem Kauf von zwei gleichen Artikeln sinkt der Einzelpreis für jeden Artikel – interessant für Mehrkind-Familien (vgl. Liebmann et al. 2008, S. 566),
- „flatrates" – mengenunabhängige Pauschalpreise, um die Nutzung bestimmter Produkte für Familien zu vereinfachen, z. B. für Getränke

oder Salate in der Gastronomie oder für Telefontarife (vgl. Schönert 2013, S. 52),

* „dynamic pricing"/flexible Preise – je nach Nachfragesituation bzw. Kundenfrequenz zu verschiedenen Tageszeiten steigen oder sinken die Preise – ggf. automatisiert im Internet, was typisch für Reiseveranstalter und Tankstellen ist (vgl. Krämer et al. 2016, S. 29 und Liebmann et al. 2008, S. 565).

Viertens

Die „Preisoptik" bezieht sich hier in erster Linie auf die Wahrnehmung der Preis-Ziffer(n) durch Familienmitglieder und die Frage der Schwellen zum nächst höheren Preis (vgl. Müller-Hagedorn 2005, S. 294 ff.). Dazu zählen die Preis-Präsentation (etwa durch auffällige Schilder im Laden, große Ziffern im Web), Hinweise auf ehemalige Preise oder die Höhe der Preisreduktion usw. Durch geschickte Preisoptik kann – wenn strategisch mit Blick auf das Preisimage gewollt – der Eindruck der Günstigkeit erweckt werden. Da viele Familien sparsam sein müssen oder der Preis möglicherweise im Rahmen einer extensiven Kaufentscheidung eine wichtige Rolle spielt, liegen hier Potenziale. Bewährt hat sich in der Praxis die konsequent-einheitliche Endung von Preisen (vor allem auf 99 Cent nach dem Komma oder auf „9" ohne Komma), damit dann ein konsistent günstiges Preisbild entstehen kann. Dafür kann durchaus auch mit „Glattpreisen" (z. B. 10 Euro) statt „gebrochenen" (9,99 Euro) experimentiert werden, um höhere Umsätze zu erzielen (Müller-Hagedorn 2005, S. 298 f.). Entscheidend ist vermutlich die Konsistenz. Der „günstige" Preisbild-Eindruck kann bei Familien dennoch zugleich mit einer emotionalen Erlebnisausrichtung einhergehen (Abschn. 4.3.1).

5.2.7 Retourenkosten senken

Als Online-Anbieter gilt: Weniger Retouren und hohe Bestellzufriedenheit anstreben, etwa durch Einkauftipps für Eltern bei Kleidungs- und Spielzeugangeboten (Materialbeschreibung, Kleidergröße/Passform messen) sowie Vorteilen bei wenigen Rückgaben (Verlosung, Geschenke).

5.2.8 Service bieten

Über die Hauptleistung hinausgehende Neben- oder Serviceleistungen sind besonders wichtig für die Teil-Zielgruppe Frauen bzw. Mütter (Kap. 4). Typische Beispiele sind Lieferung, Möbelaufbau, Geräteinbetriebnahme, Reparaturen. Serviceleistungen können gratis oder gegen Entgelt angeboten werden. Bei spezieller und geschickter Preispolitik für Serviceleistungen entsteht ein wichtiger Renditetreiber.

5.3   Checklisten zum Strategieprozess

Nachdem in Abschn. 5.2 Strategieansätze herausgearbeitet wurden, folgen nun beispielhaft für ausgewählte Aspekte im Strategieprozess Checklisten zur Vertiefung bzw. generellen operativen Vorgehensweise im Markt. Diese konzentrieren sich auf die Zielgruppenauswahl sowie Festlegungen im Leistungs-, Preis-, Distributions- und Kommunikationsbereich. Die einzelnen Punkte basieren sowohl auf den vorangegangenen Kapiteln als auch auf Praxiserfahrungen und -beobachtungen des Autors. Sie sollen das Positionieren mit vorbereiten und dazu beitragen, familienadäquate Angebote eines Unternehmens zu gestalten. Vorausgesetzt werden allerdings Vorarbeiten (vgl. Ternow 2012), die sich nur unternehmensbezogen durchführen lassen – wie Analyseprozesse (Stärken-/Schwächen- und Chancen-/Risiken-Analyse, Konkurrenzforschung usw.), grundlegende Ziel- und Marketingstrategie-Festlegungen, Lieferantenvergleiche, Kundendatenbänke (die möglichst alle Familienmitglieder erfassen) etc. Liegen Ergebnisse vor, lassen sich die nachfolgenden Elemente in den jeweiligen Strategieprozess integrieren.

Zum Ende führen lässt sich der Prozess aber ebenfalls nur unternehmensspezifisch – etwa wenn es um abschließende betriebswirtschaftliche Bewertungen oder konkrete Maßnahmen im Rahmen des Marketing-Mix geht. Der Markt ist bei entsprechenden Ziel- und Strategiefestlegungen möglichst vertiefend zu segmentieren, um individuelle Angebote zu entwickeln. Ziel ist: Leistungen bieten, die andere Unternehmen nicht bereitstellen. „Alleinstellungsmerkmale" („einzigartige Verkaufsvorteile" bzw. „unique selling proposition", vgl. Becker 2006, S. 248) in der Gunst der Konsumenten sowie im Konkurrenzvergleich sind zu schaffen und zu verteidigen.

Zur Arbeit mit den Checklisten

Die einzelnen Listen sind von den dafür zuständigen Personen im Unternehmen durchzugehen und gewählte Segmente oder Punkte anzukreuzen (Ja/Nein). Kombinationen sind vielfach möglich. Danach kann ggf. ein stark vereinfachtes Polaritätenprofil (vgl. z. B. Atteslander 1993, S. 259 ff.) zur grafischen Verdeutlichung angelegt werden. Erste Hinweise auf Potenziale, Erfolgsfaktoren und Defizite werden mitunter sichtbar. Stets bleibt zudem Raum für eigene Ergänzungen oder detailliertere Ansätze. Eine pragmatisch-praktische Vorgehensweise wird möglich. Einzelne Bereiche der Listen können aber auch als Vorarbeit von Experten für eine eventuell vertiefende Befragung von Familien mittels Skalen genutzt werden.

5.3.1 Zielgruppenauswahl

Im Vordergrund stehen die bisherigen Aktivitäten sowie das Festlegen der künftigen Konzentration auf verschiedene Marktsegmente. Dies erfolgt in Anlehnung an Becker (2006, S. 239 f. sowie S. 683) im Sinne einer „multi"- oder „single-segment"-Strategie vor dem Hintergrund einer tendenziell „partialen Marktabdeckung" (im Gegensatz zur „totalen" Abdeckung). „Totale Marktabdeckung" soll hier die pauschale Ansprache kompletter Familien ohne Unterscheidung von Untergruppen bzw. einzelner Marktsegmente umfassen. Fast „total" wäre eine Kombination von Segmenten, die bis auf wenige Ausnahmen beinahe alle Teilgruppen abdeckt. „Multi segments" sind hier Teilgruppen (mindestens zwei Personen), „single segments" einzelne Familienmitglieder. Bei den Einteilungen in der folgenden Checkliste 1 handelt es sich um beispielhafte Vorschläge des Autors, um erste praktische Arbeitsgrundlagen zu schaffen. Ggf. sind Präzisierungen in den Zeilen durch Streichungen oder Unterstreichungen durchzuführen. Für vertiefende Erkenntnisse und Gruppenabgrenzungen sind – wie schon oben erwähnt – evtl. statistische Erhebungen zum Beispiel mit anschließender Diskriminanz- oder Clusteranalyse (vgl. Backhaus et al. 1994, S. 90 ff. und 260 ff.) durchzuführen.

Checkliste1: Positionierung – Zielgruppenauswahl

Familien-Segmente auswählen/ggf. kombinieren			
		Ja	Nein
Alle Familienmitglieder („totale Marktabdeckung"*, z. B. als „Dreigenerationen"-Großfamilie" mit Eltern, Kindern, Großeltern eines Partners usw.)			
		Ja	Nein
Einzelne Familienmitglieder („single segments"*)	Schwangere (erstes Kind)		
	Schwangere (weitere/s Kind/er)		
	Werdender Vater (erstes Kind)		
	Werdender Vater (weitere/s Kind/er)		
	Mutter		
	Vater		
	Alleinerziehender Elternteil		
	Mädchen (einzelnes Kind)		
	Junge (einzelnes Kind)		
	Weibliche Jugendliche		
	Männlicher Jugendlicher		
	Frau als Fremdkäufer		
	Mann als Fremdkäufer		
	Frau als Kauf-Auftraggeber		
	Mann als Kauf-Auftraggeber		
	Eigene Ergänzung sonstiger Rolleninhaber („Scheidungskind", Beschenkter, Schenkender, Nutzer):		
		Ja	Nein
Teilgruppen I: Verschiedene Familienmitglieder (mind. 2 Personen, „multi segments"*)	Werdende Eltern (erstes Kind)		
	Werdende Eltern (weitere/s Kind/er)		
	Eltern		
	Kinder (bis 13 Jahre)		
	Jugendliche (ab 14 Jahre)		
	Eltern und Kinder (Kernfamilie)		
	Eltern und Jugendliche (Kernfamilie)		
	Eltern und erwachsene Kinder (zuhause wohnend)		
	„Empty-nest"-Eltern		
	Großeltern und Enkel		
	Mütter und Töchter		
	Mütter und Söhne		
	Väter und Söhne		
	Väter und Töchter		
	Eigene Ergänzungen:		
		Ja	Nein
Teilgruppen II: Familien nach Merkmalen der Kinder („multi segments"*)	Familien mit Babys		
	Familien mit Kindergartenkindern		
	Familien mit Schulanfänger-Kindern (5 – 7 Jahre)		
	Familien mit älteren Grundschulkindern (8 – 10 Jahre)		
	Familien mit frühen „Teenagern" (11 – 13		

		Ja	Nein
	Jahre)		
	Familien mit Jugendlichen (14 – 18 Jahre)		
	Familien mit Jugendlichen in dualer Ausbildung		
	Familien mit Jugendlichen vor dem Abitur/mit Abitur		
	Familien mit studierenden älteren Kindern		
	Familien mit wieder eingezogenen erwachsenen Kindern		
	Familien mit körperlich/geistig behinderten Kindern		
	Familien mit kranken Kindern		
	Eigene Ergänzungen:		
Teilgruppen III: Familien nach Lebensstil/-weise („multi segments"*)	Einkind-Familien (Eltern und Kind)		
	Alleinerziehenden-Familien mit einem kleinen/großen Kind		
	Alleinerziehenden-Familien, mehrere Kinder (klein/groß)		
	„Patchwork"-Familien		
	Mehrkind-Familien mit kleinen/großen Kindern		
	„Laissez-Faire-Familien"**		
	„Pluralistische Familien"**		
	„Einvernehmliche Familien"**		
	„Beschützende Familien" **		
	Familien mit zu pflegenden Angehörigen		
	Familien mit Haustier		
	Familien mit Eigenheim/Eigentumswohnung		
	Familien mit „Schrebergarten"		
	Familien mit Umweltschutz-/Nachhaltigkeitsaffinität		
	Familien mit bestimmtem Ernährungsstil (vegetarisch usw.)		
	Familien mit hoher Sportaffinität		
	Familien mit Affinität zu Konsumelektronik		
	Familien mit sozialem Engagement (Vereine, Feuerwehr usw.)		
	Familien mit „Do-it-yourself"-Affinität (handwerkliche Arbeiten, basteln, Nahrung erzeugen usw.)		
	Musikalische Familien		
	Religiöse Familien		
	Familien auf Reisen		
	Eigene Ergänzungen:		

		Ja	Nein
Teilgruppen IV: Familien nach soziodemografischen Kriterien („multi segments"*)	Familien mit jungen/älteren Eltern		
	Familien in kleinen/mittleren Kommunen		
	Familien in großen Städten/Ballungsräumen		
	Familien mit (Ehe-)Frau als Haupteinkommens-Erzielerin		
	Familien mit (Ehe-)Mann als Haupteinkommens-Erzieler		
	Familien mit Doppeleinkommen (zu gleichen/ungleichen Teilen arbeitende Partner)		
	Familien mit Transfereinkommen (Sozialhilfe usw.)		
	Familien nach Bildungsstand der Eltern/Elternteile (Haupt-/Realschulabschluss, Abitur, Studium etc.)		
	Familien nach Berufseinordnung der Eltern/Elternteile (Angestellten-, Arbeiter-, Beamten-, Künstlerfamilien usw.)		
	Familien nach sozialer Schichteinordnung der Eltern/Elternteile (Unter-, Mittel-, Oberschicht)		
	Einwanderer-/Migrantenfamilien		
	Eigene Ergänzungen:		

* Becker 2006, S. 239 f. u. 683.
** Esch und Gawlowski 2013, S. 307 f. und Abschn. 1.2

5.3.2 Festlegungen im Leistungsbereich

Beim Positionieren von Leistungen werden maßgebliche Erfolgspotenziale im Familien-Markt festgelegt. Grundfragen der Produktentwicklung wie der Qualitätsdefinition im Zusammenspiel mit den Kunden (Kontaktpunkte) sind u. a. zu prüfen bzw. festzulegen (Checkliste 2). Zu beachten ist auch die Dynamik im Familien-Markt, da sich die Bedürfnisse der Zielgruppe immer wieder verändern (z. B. durch Lebensphasenwechsel, Kap. 1).

Checkliste 2: Positionierung – Leistungsbereich

I. Produkt-/Dienstleistungsentwicklung		
	Ja	Nein
Bisher bereits im Familien-Markt aktiv? Wenn ja, bisherige Produktpolitik beschreiben:		
Marktfähige Produkte/Dienstleistungen für Familien-Zielgruppe aktuell vorhanden? Wenn nein, Entwicklung planen:		
Nutzen aktueller Produkt-/Dienstleistungsangebote für ausgewählte Familien-Zielgruppe klar definiert? Wenn nein, definieren:		
Eigene Innovationen/Produktion/Erstellung? Wenn nein: Angebot von fertigen Waren/Fremdleistungen? Vorgehen (Einkauf/Lieferantenwahl, Kalkulation, Plattformangebot usw.):		
Stetem Wandel ausgesetzte Familien-Bedürfnisse im Blick?		
Produktpolitik bedürfnisorientiert, dynamisch und flexibel?		
Kundendatenbank vorhanden und aktuell?		
Datenbank erfasst auch gegenüber Mitarbeitern verbal geäußerte Kundenmeinungen?		

II. Qualität und Zufriedenheit[*]		
	Ja	Nein
Qualitätsniveau der angebotenen Familien-Leistungen definiert?		
Qualitätsdifferenzierung nach Produktart, Marke usw. möglich? Qualitätsstufe für jedes einzelne Produkt/alle Produkte/ Unternehmen insgesamt beschreiben:		
Produktsicherheit für alle Familienmitglieder gewährleistet?		
Kontaktpunkte des Unternehmens mit Familien eruiert?		
Geplante weitere Kontaktpunkte des Unternehmens mit Familien bzw. Familienmitgliedern definiert?		
Alle Kontaktpunkte auf angestrebte Qualität ausgerichtet? Defizite notieren/ausbessern:		
Qualitäts-Definition durch Normen (ISO, DIN)?		
Qualitäts-Definition mit Zertifikat durch Prüfstelle (TÜV u. ä.)?		
Beschwerden und Lob durch Familien bzw. Familienmitglieder: Werden ernst genommen, systematisch ausgewertet und führen zu kontinuierlichen Leistungsverbesserungen? Wenn nein: Beschwerdemanagement-System für Familien aufbauen. Was zu tun ist:		

	Ja	Nein
Zufriedenheit von Familien/Familienmitgliedern als Kunden wird periodisch gemessen? Wenn ja: Gesamt- und Teilzufriedenheit unterscheiden. Was zu tun ist:		
Mäßige bis schlechte Zufriedenheitswerte haben Konsequenzen (Ursachensuche, Schwachstellenverbesserung etc.)?		
Gute Zufriedenheitswerte haben Konsequenzen (Stärkenausbau)?		
Eigene Ansätze:		

III. Angebotsanregungen (je nach Zielgruppe)

	Ja	Nein
Produktpositionierung im Konkurrenzvergleich entschieden („einzigartige Leistung"**und höherer Preis oder „gleichwertige"**Produkte und niedriger Preis)?		
Kombinationen und Begrenzungen entschieden (breites/tiefes Produkt-/Dienstleistungsangebot)?		
Kinderprodukte als Attraktion, um Eltern zum Kauf eigener Artikel anzuregen (z. B. via Links)?		
Themenorientierte Angebote vorhanden (z. B. Produkte für verreisende Familien)?		
Erstausstattungsangebote werden forciert (erstes Kind)?		
Bei wachsenden Familien: Erstausstattung wird durch „mitwachsende" Angebote überwunden (Abonnementsysteme etc.)?		
Angebote für „Verzicht"-Eltern vorhanden (z. B. Leistungen in den Bereichen Genuss und Wohnen)?		
Paketangebote für Mehrkind-Familien bestehen (sich ergänzende Produkte, Komplettpreis günstiger als Summe der Einzelpreise)?		
Weitere günstige Angebote für Mehrkind-Familien vorhanden?		
Paketangebote für andere Familienarten/Familienmitglieder?		
Familien mit älteren Kindern wird hochwertige Produktqualität (zu höherem Preis) angeboten?		
Familien mit älteren Kindern werden hochpreisige Marken bzw. Leistungen offeriert?		
„Empty-nest"-Eltern*** erhalten Nachholbedarfs-Angebote?		
Kaufhemmungen werden gesenkt (via Produkttest-Möglichkeiten, familienfreundlichen Umtausch-/Rückgaberegeln ...)?		
Eigene Ansätze:		

IV. Zusatzleistungen/Service

	Ja	Nein
Explizit für Frauen/Mütter: Technische Hilfsarbeiten (Möbelaufbau, Geräteinbetriebnahme ...)?		

Planungsarbeiten für Familien (Einrichtung usw.)?		
Zusatznutzen für Eltern bei Kinderansprache vorhanden (z. B. Entspannung, Genuss)?		
Kleine Überraschungen: Familien erhalten mehr als erwartet (Geschenke/Zugaben usw.)?		
Kinderspielbereich mit/ohne Betreuung?		
Kinderspielbereich: Spielzeug/Spiele attraktiv/sicher/sauber?		
Sicherheitspersonal in Geschäftsräumen, Parkhaus usw.?		
Sicherheitstechnik auf neuestem Stand (Kameraüberwachung, Feuermelder usw.)?		
Angstfreie Parkräume (ausreichend Platz für Auto und Insassen, gute Beleuchtung, kurze Wege, saubere Treppenhäuser bzw. Fahrstühle etc.)		
Vorzugsparkplätze ("Eltern-Kind-Parkplätze", "Frauenparkplätze")		
Versicherungsmöglichkeiten für Waren, Reisen etc.?		
Verleih (z. B. Kinderbetten, Säuglingszubehör)?		
Hol-/Bringdienste (z. B. für Familien mit Großeltern)?		
Kursangebote für Kinder/Jugendliche (malen, basteln, Sport …)?		
Eigene Ansätze:		
* Vgl. besonders Abschn. 5.2.4 und die dort angegebene Literatur. ** Porter 2014, S. 23. *** Vgl. besonders Abschn. 1.1.		

5.3.3 Festlegungen im Preisbereich

Ansatzmöglichkeiten zur familienorientierten Preispolitik finden sich in der folgenden Liste (Checkliste 3), die je nach Strategie zu wählen oder kombinieren sind. Bei Unsicherheiten vor dem Einsatz von Preisaktionen im konkreten Einzelfall sollte ggf. eine rechtliche Prüfung erfolgen, um Verstöße – etwa gegen das Gesetz gegen unlauteren Wettbewerb (UWG) – zu vermeiden. Zu nennen ist hier zum Beispiel § 5 Abs. 1 Sätze 2, 3 und 4 UWG (vgl. o. V. 2019).

Checkliste 3: Positionierung – Preisbereich

I. Grundfragen		
	Ja	Nein
Familien-„Preisimage"* des Verkaufskanals ist definiert (Hoch-/Niedrigpreis-Angebote im Laden, Online-Shop …)?		
Preise passen zu den Produkten (Qualität, Nutzen)?		
Preise werden nach Familienarten differenziert*** (hohe Preise für Oberschicht-Familien usw.)?		
Preisansprache von Familien erfolgt auch differenziert nach Alter, Region usw.?		
Preiskalkulation: Kosten deckend, Gewinn erzielend, sonstige Ziele fördernd?		
Preiskalkulation: Permanente Suche nach niedrigeren Einkaufspreisen usw.?		
Eigene Ansätze:		

II. Strategische Stoßrichtung: Hohe Preise		
	Ja	Nein
„Preiskenntnis"** wird erschwert (z. B. durch tiefes Sortiment mit großen Preisunterschieden)?		
Preiserhöhungsspielräume werden genutzt (z. B. durch wenig bekannte Eigenmarken)?		
Preiserhöhungen*** werden Familien erklärt (Nutzen-/Kostensteigerungen usw.)?		
Preiserhöhungen durchsetzen: Preisvergleiche*** für Kaufinteressierte werden erschwert? Wenn nein, hier Ansätze für eigene Überlegungen:keine Preisauszeichnungen direkt am Produkt nach Vorbild Discounter, Website stets mit aktuellen Preisen, Produkte als Paket mit Zusatzleistungen, neue Verpackungsgrößen.		
Hochpreis-Angebote richten sich v. a. an mehrere Familienmitglieder (gemeinsame Entscheidung)?****		
Teuer wirkende Preisoptik (Preisschilder aus edlem Material, keine durchgestrichenen Preise, Preise evtl. auf Anfrage usw.)?		
Verzicht auf jegliche Preissenkungen (Altware in Extraläden mit anderem Namen, keine Rabatte usw.)?		
Eigene Ansätze:		

III. Strategische Stoßrichtung: Niedrige Preise

	Ja	Nein
„Preiskenntnis"** der Familien-Zielgruppe wird gefördert (z. B. durch Preiswerbung, Frequenzerhöhung Onlineauftritt)?		
Günstig wirken: Relativ gute Produktqualität zu als attraktiv beworbenen Preisen (keine Niedrigstpreise)?		
Günstig wirkende Preisoptik: Preisziffern signalisieren knappe Kalkulation („95"/„99")?		
Günstig wirkende Preisoptik: Suche und Einsatz von renditefördernden Schwellen (z. B. in 10er-/20er-Schritten: 9,99 - 19,99 - 29,99 - 49,99 usw.)?		
„Billig" wirkende Preisoptik/Niedrigpreis-Signale (große rote Ziffern, durchgestrichene Preise, Prozentzeichen)?		
Preissenkungen: Werden Familien gegenüber deutlich als Vorteil herausgestellt?		
Niedrigpreis-Strategien zielen vor allem auf einzelne Familienmitglieder?****		
Um Niedrig-Preisführerschaft zu demonstrieren: Preisvergleiche*** werden erleichtert (Internetvergleiche usw.)?		
Preisaktionen werden häufig und ausgiebig genutzt?		
Aktionsbeispiel: „Flatrate"***** für Familien (verwischt ggf. Einzel-Preiskenntnis)?		
Aktionsbeispiel: „Dynamic pricing" (Preise je nach Familienmitglied, Tag, Uhrzeit usw.)?		
Aktionsbeispiel: Räumungsverkauf („x % auf alles" wegen Sortimentswechsel, Jahreszeit usw.)?		
Niedrigpreise an Bedingungen geknüpft (Rabatte für Kundenkarten-Besitzer, Stammkunden usw.)?		
Eigene Ansätze:		

IV. Konditionen und Sicherheitsaspekte		
	Ja	Nein
Kaufhemmungen für Familienmitglieder werden geringgehalten (z. B. durch Barzahlung, Kredite)?		
Zahlungsverfahren bei Online-Bestellungen: Sind einfach und sicher (z. B. per Rechnung)?		
Zusatzleistungen: Einige/alle sind gratis und werden beworben?		
Rechtliche Aspekte (z. B. UWG bei Preisaktionen etc.) geklärt? Wenn, nein: Ansprechpartner-Beispiele sind Branchenverbände, Fachjuristen, Unternehmensberater.		
Eigene Ansätze:		
Anmerkungen/Quellen: *Diller 1994, S. 906f., Ternow 2012, S. 69f. **Müller-Hagedorn 2005, S. 284f. ***Ternow 2012, S. 72. ****Vgl. besonders Abschn. 3.4. *****Schönert 2013, S. 52.		

5.3.4 Festlegungen im Distributionsbereich

Familien wollen gekaufte Produkte mitnehmen oder sich liefern lassen, evtl. wieder zurückgeben usw. Anbieter müssen also Verkaufskanäle und Logistik so organisieren, dass es den Erwartungen der Familien-Zielgruppe entspricht (Checkliste 4).

Checkliste 4: Positionierung – Distributionsbereich

	Ja	Nein
Verkauf in eigenen Filialen/einzelnem Laden?		
Wenn ja: Standorte geprüft (Städte/Stadtteile, Straßenlagen, Einzugsgebiet, Kaufkraft usw.)?		
Verkauf im Internet (via eigene Verkaufs-Website, -Plattformen)?		
Sonstiger Verkaufskanal?		
Wennja, hier Beispiele für eigene Überlegungen: Verkaufspartys, Vertreter, Wochenmarkt, TV-Verkaufskanal usw.		
Multi-Kanal (stationär + online usw.)?		
Verkaufskanal nach Produkten/Preisen differenziert (Ramschladen für Restware usw.)?		
Be-/Auslieferung in Eigenregie/durch Logistikpartner?		
Kosten Eigenlieferung/Logistikpartner verglichen?		
Bestellung und Lieferung ohne Risiko für Familien?		
Retouren organisiert (Kosten im Griff, Personal und Lagerplatz vorhanden, Warenrücknahme mit Lieferanten geklärt usw.)?		
Wenn nein, was zu tun ist:		
Eigene Ansätze:		

5.3.5 Festlegungen im Kommunikationsbereich

Wenn Erfolgspotenziale – wie Produkte, Preise, Verkaufskanäle und Logistik – vorhanden sind, müssen die anvisierten Zielgruppen davon auch Kenntnis erlangen, damit Erfolge entstehen können. Aber: Wie lassen sich Familien bzw. Familienmitglieder und die gesteckten Ziele erreichen?

Vor allem einzelne Familienmitglieder zu gewinnen, erfordert zugespitzte Herangehensweisen und dürfte eine besondere Herausforderung darstellen. Bevor Adressen gekauft werden, sollten kostengünstige eigene bzw. andere Wege geprüft werden. Nachfragen bei Kunden, kombiniert mit attraktiven Kundenkarten (die eventuell Angehörige mit einbeziehen), haben sich in der Praxis offenkundig bewährt. So geht beispielsweise das Kartenmodell „Ikea-Family" vor und sendet Kindern von Karteninhabern Geburtstagsgrüße per Postkarte in Verbindung mit Werbung sowie im Laden abholbaren kleinen Geschenken (Stifte u. ä.).

Grundlegende Anregungen für eigene Kommunikationsmaßnahmen finden sich in der folgenden Checkliste (Checkliste 5).

Checkliste 5: Positionierung – Kommunikationsbereich

I. Werbestrategie/-mittel	Ja	Nein
Stets klar/eindeutig erkennbare Zielgruppenansprache (wer gemeint ist – Mütter, Väter, Kinder, Großeltern usw.)?		
Nutzung des Begriffs „Familie" für alle Familienmitglieder?		
Ansprache der Zielgruppe konsequent („Du"/„Sie"/"liebe Familien" in Websites, Plakaten usw.)?		
Anziehungsstarke und übersichtliche Websites kreiert?		
Adressen von Familien/Familienmitgliedern vorhanden? Wenn nein: Adressgewinnung forcieren (z. B. durch Kundenkarten). Eigene Ansätze:		
Online-Kurzinformationen für Familienmitglieder (über typische Dienste, Apps)?		
Textmaterial für Blogs/Online-Beiträge zu Themen rund um Waren-/Dienstleistungsangebote (z. B. Tipps)?		
Kommunikation mit Kindern animiert Eltern (v. a. Mütter) reaktanzfrei zum Kauf (fair/nutzenorientiert)?		
Spezielle Web-Adressen für jugendliche Onlinekäufer?		
Spezielle Werbestrategien für weibliche Jugendliche vorhanden (Einfluss auf Familienentscheidungen nutzen)?		
Informationen über Leistungen grundsätzlich geschlechtsspezifisch gestaltet und in passenden Medien platziert?		
Verzicht auf Stereotype/Rollenklischees?		
Vertiefende Informationen für Männer vorhanden(z. B. Broschüren)?		
Frauen werden auch als Fremdkäuferinnen angesprochen?		
Fremdkauf-Auftraggeber werden als solche erreicht (z. B. Männer, Kinder, Großeltern)?		
Entscheidungshilfen für „Partnerschafts-Familien"[a] (kooperierende, gleichberechtigte Ehepartner usw.)?		
Tipps für Eltern werden mit Produktangeboten verknüpft (z. B. im Rahmen von Themensetzungen)?		
Für „Freunde" von Familie/Familienmitgliedern: Spezielle Ansprache erfolgt (Empfehlungen, Mit-Ansprache)?		

	Ja	Nein
Bei Produkten, die extensive Kaufentscheidungen erfordern: Konfliktmindernde Kommunikation?		
Eigene Ansätze:		

II. Verkaufspunkt-Kommunikation (online/stationär)

	Ja	Nein
Gezielte Informationen für Fremdkäufer am Verkaufspunkt im Laden oder beim Online-Auftritt usw. (z. B. Bedienungsanleitungen, Pflegehinweise, Schulungen)?		
Kaufanregungshinweise für Fremdkäufer in eigener Sache?		
Verweilmöglichkeiten für Familienmitglieder in Läden („Männerecke" in Damenmodegeschäften, Gastronomie etc.)?		
Zur Zielgruppe passende Ladenausstattung/Website-Gestaltung?		
Zur Zielgruppe passendes Verkaufspersonal im Einsatz (Habitus, Kleidungs-und Sprachstil etc.)?		
Personal zur Pflege von Online-Texten vorhanden?		
Wenn für Ansprechpartner geworben wird (z. B. online): Kompetentes Personal dafür auch vorhanden?		
Themen werden mit „Erlebnistrategien" und „Storytelling" verknüpft?		
Kaufhemmungen werden gesenkt (z. B. ebenerdiger Zugang in Geschäften, offene Websites)?		
Anreize für weniger Retouren und hohe Bestellzufriedenheit?		
Eigene Ansätze:		

III. Verkaufsmitarbeiter schulen (stationäre Branchen/ Direktverkauf)

	Ja	Nein
Positiv-geschickter Umgang des Personals gegenüber Eltern mit Kindern?[b]		
Problemlösungskompetenz der Mitarbeiter bei mangelnder Kinder-Aufsicht durch Eltern?[b]		
Gesprächseröffnungs-Themen haben Mitarbeiter vorbereitet (Kinder, Feste, Garten ...)?[b]		
Familien mit älteren Kindern werden in Verkaufsgesprächen höherpreisige Waren oder Dienstleistungen angeboten (Hochverkauf/"upgrading")?		
Spezielle Beratung für Fremdkäufer?		

Nach Kaufentscheidung (zur Dissonanzreduktion): Mitarbeiter geben Formulierungshilfe zur positiven Rechtfertigung der Entscheidung gegenüber übrigen Familienmitgliedern?[c]		
Eigene Ansätze:		

IV. Marken und Markenbindung fördern

	Ja	Nein
Eigene Produkt-/Geschäftsstätten-/Unternehmensmarke(n)?		
Markenvertrauen bei Familien/Familienmitgliedern vorhanden?		
Mütter als „Markenbotschafter"[d]?		
Familienmitglieder können eigene Persönlichkeit, Lebensstil, Schichtzugehörigkeit u. Ä. über Marken definieren		
Bereits Kinder werden mit Marken vertraut gemacht?		
Erwachsenen werden Marken ihrer Kindheit angeboten?		
Eigene Ansätze:		

V. Kundenbindung generell fördern (Nachkaufphase)

	Ja	Nein
Bestätigung in der Kaufentscheidung erfolgt (Dank-Briefe etc.)?		
„Kundenclubs", Erfahrungsaustausch-Gruppen im Internet u. Ä. für Familien vorhanden?		
Geburtstage aller Familienmitglieder werden bedacht (Karten, Grüße per E-Mail etc.)?		
Beschwerden/Lob in sozialen Medien: Werden beobachtet, ggf. wird erklärend eingegriffen?		
Abonnementsysteme werden genutzt (soweit möglich)?		
Eigene Ansätze:		

VI. Aktionen und Veranstaltungen (stationär/Internet)

	Ja	Nein
Aktionstage für Familien insgesamt (z. B. mit Spielen und Wissensvermittlung für Kinder und Erwachsene zu bestimmten Themen[e])?		

Aktionstage für Familien insgesamt in Kooperation mit anderen Anbietern (interne/externe Aktionen)? Wenn ja: Beispielsweise „Familienmesse"[f] oder Hausmesse mehrerer Anbieter zum Thema Familie in eigenen Verkaufsräumen überlegen (z. B. rund um die Bereiche Babys/Kinder/Jugendliche/Senioren/Freunde, Beruf, Mode, Urlaub, Hausbau, Lebensberatung usw.).		
„Wir-Gefühl"-stärkende Aktionen für Familien insgesamt (z. B. große Familien stellen sich vor/größte gewinnt[e])?		
„Organisationshilfe-Tage", z. B. für anstehende Familienfeste (wie Taufe, Kommunion/Konfirmation, Abitur, Hochzeiten etc.)?		
Ferienveranstaltungen für verreisende und nicht verreisende Familien?[e]		
Bei hochwertigen oder neuen Produkten: Warenbesichtigungen/ Produkttests für ausgewählte Familienmitglieder?		
Geburtsvorbereitungskurse für werdende Mütter/Väter/Eltern/ Geschwister/Großeltern?		
Partys für Kinder ausrichten (Geburtstage, Karneval, Halloween, Schulanfang ...)?		
Wettbewerbsveranstaltungen für Kinder (z. B. Torwandschießen, PC-Spiele, Malwettbewerbe)?		
Treffpunkte für Jugendliche vorhanden (z. B. reale Aufenthaltsanreize durch Gastronomie u. a., Online-Reize durch Spiele etc.)?		
Partys für Jugendliche ausrichten (Geburtstage, Karneval, Halloween, Abitur, Tanzen ...)?		
Ehrenaktionen für glückliche Elternpaare (Silberhochzeit, „Tag des glücklichen Ehepaares" etc.)?		
Ehrenaktionen für einzelne Mütter/Väter (zum Muttertag, zu runden Geburtstagen ...)?		
Aktionen für ältere Familienmitglieder (z. B. Senioren-Spieltag[e])?		
Aktionen, um verlorene Familienkunden zurückzugewinnen (z. B. „come-back"-Tag o. ä.)?		
Aktionen für Fremdkäufer („Einkaufen-für-Andere-Dankeschöntag" o. Ä.)?		

Eigene Ansätze:
[a] Vgl. Abschn. 3.2.
[b] Vgl. Nemeth 2002, S. 31u. 46f.
[c] Reichenbach 2002, S. 81.
[d] Esch und Gawlowski 2013, S. 315.
[e] Bühlmann 2002, S. 51, 43, 20, 107.
[f] Vgl. z. B. Josef Werner Schmid GmbH 2019.

Literatur

Atteslander P (1993) Methoden der empirischen Sozialforschung, 7. Aufl. de Gruyter, Berlin/New York

Backhaus K, Erichson B, Plinke W, Weiber R (1994) Multivariate Analysemethoden. Eine anwendungsorientierte Einführung, 7. Aufl. Springer, Berlin

Bamberger I, Wrona T (2012) Strategische Unternehmensführung. Strategien, Systeme, Methoden, Prozesse, 2. Aufl. Vahlen, München

Becker J (2006) Marketing-Konzeption. Grundlagen des ziel-strategischen und operativen Marketing-Managements, 8. Aufl. Vahlen, München

Böcker F (1987) Die Bildung von Präferenzen für langlebige Konsumgüter in Familien. Mark ZFP 9(1):16–24

Böcker F, Thomas L (1983) Der Einfluß von Kindern auf die Produktpräferenzen ihrer Mütter. Mark ZFP 5(4):245–252

Bühlmann A (2002) Mehr Umsatz mit Aktionen. Hundert zündende Ideen, Bd. 1, BBE-Praxisleitfaden. BBE, Köln

Burmann C (1991) Konsumentenzufriedenheit als Determinante der Marken- und Händlerloyalität. Das Beispiel der Automobilindustrie. Mark ZFP 13(4):249–258

Dahlhoff H-D (1980) Kaufentscheidungsprozesse von Familien. Empirische Untersuchung zur Beteiligung von Mann und Frau an der Kaufentscheidung. Lang, Frankfurt am Main

Diller H (1994) Preisimage. In: Diller H (Hrsg) Vahlens Großes Marketing-Lexikon. Vahlen/dtv, München, S 906–907

Diller H, Müller I (2003) Die Logik von Preisimages, Teil 1: Grundlagen, Dimensionen und Folgewirkungen des Preisimage. Arbeitspapier Nr. 112 des Lehrstuhls für Marketing der Universität Erlangen-Nürnberg

Dillerup R, Stoi R (2016) Unternehmensführung. Management & Leadership. Strategien – Werkzeuge – Praxis, 5. Aufl. Vahlen, München

Esch F-R, Gawlowski D (2013) Der Einfluss von elterlichen Kommunikationsstilen auf die Markenbindung. Eine Untersuchung der Bedingungen von lebenslanger Markenbindung. Mark ZFP 35(4):303–319

Fischer TM (2000) Erfolgspotentiale und Erfolgsfaktoren im strategischen Management. In: Welge MK, Al-Laham A, Kajüter P (Hrsg) Praxis des strategischen Managements, Konzepte – Erfahrungen – Perspektiven. Gabler, Wiesbaden, S 71–94

Fritz W (2004) Über Tautologien, gesicherte Erkenntnisse und ein problematisches Wissenschaftsverständnis. Eine Antwort auf die Kritik von Alexander Nicolai und Alfred Kieser. AP-Nr. 04/06, Braunschweig: Technische Universität Braunschweig. PDF entnommen aus: www.dialog-erfolgsfaktorenforschung.de. Zugegriffen am 27.11.2017, 12.28 Uhr

Gälweiler A (2005) Strategische Unternehmensführung, 3. Aufl. Campus, Frankfurt am Main

Hansen U, Jeschke K (1992) Nachkaufmarketing. Ein neuer Trend im Konsumgütermarketing? Mark ZFP 14(2):88–97

Homburg C, Rudolph B (1995) Theoretische Perspektiven zur Kundenzufriedenheit. In: Simon H, Homburg C (Hrsg) Kundenzufriedenheit. Konzepte – Methoden – Erfahrungen. Gabler, Wiesbaden, S 29–49

Josef Werner Schmid GmbH (2019) Stichwort: Familienmesse. https://www.familienmesse-guenzburg.de. Zugegriffen am 18.02.2019, 15.22 Uhr

Kantar Deutschland GmbH (2017) Familie im Digitalzeitalter. Ergebnisbericht März 2017, Bielefeld. https://www.mkffi.nrw/sites/default/files/asset/document/report-familie-digital.pdf. Zugegriffen am 18.09.2018, 11.40 Uhr

Kenning P (2003) Kundenorientiertes Preismanagement. Ein Beitrag zur Renditeverbesserung im Handel. S 1–17. (Von Kenning P am 28.01.2019, 18.31 Uhr erhaltene, leicht abweichende pdf-Version des gleichnamigen Beitrags. In: Ahlert D, Olbrich R, Schröder H (Hrsg) Jahrbuch Vertriebs- und Handelsmanagement 2003. dfv, Frankfurt am Main, S 85–99)

Kenning P, Evanschitzky H, Vogel V, Ahlert D (2005) Das Preiswissen deutscher Kunden: Eine international vergleichende Status Quo-Analyse [sic!]. S 1–21. (Von Kenning P. am 28.01.2019, 18:31 Uhr erhaltene, leicht abweichende pdf-Version des gleichnamigen Beitrags. In: Trommsdorff V (Hrsg) Handelsforschung 2005. Kohlhammer, Stuttgart, S 259–277)

Krämer A, Kalka R, Ziehe N (2016) Personalisiertes und dynamisches Pricing aus Einzelhandels- und Verbrauchersicht. Marketing Review St. Gallen. Marketingz Theor Prax, Nr. 6, 28–37

Kroeber-Riel W, Weinberg P, Gröppel-Klein A (2009) Konsumentenverhalten, 9. Aufl. Vahlen, München

Krüger W, Schwarz G (1990) Konzeptionelle Analyse und praktische Bestimmung von Erfolgsfaktoren und Erfolgspotentialen. In: Bleicher K, Gomez P (Hrsg) Zukunftsperspektiven der Organisation. Festschrift zum 65. Geburtstag von Prof. Dr. Robert Staerkle. Stämpfli, Bern, S 179–209

Liebmann H-P, Zentes J, Swoboda B (2008) Handelsmanagement, 2. Aufl. Vahlen, München

Meffert H (1986) Marketing. Grundlagen der Absatzpolitik, 7. Aufl. Gabler, Wiesbaden

Müller-Hagedorn L (2005) Handelsmarketing, 4. Aufl. Kohlhammer, Stuttgart

Nemeth A (2002) Kunden gibt's, die gibt's gar nicht [sic!]. Schwierige Kunden? Kein Problem. BBE, Köln

Nicolai A, Kieser A (2002) Trotz eklatanter Erfolglosigkeit: Die Erfolgsfaktorenforschung weiter auf Erfolgskurs. Die Betriebswirtschaft (DBW) 62(6):579–596

o. V (1963) Potential. In: Duden-Redaktion (Hrsg) Duden Etymologie. Herkunftswörterbuch der deutschen Sprache. Dudenverlag, Mannheim/Wien/Zürich, S 523

o. V (1988a) Erfolg. In: Gabler Wirtschafts-Lexikon, Bd. 2 C – F, 12. Aufl. Betriebswirtschaftlicher Verlag Dr. Th. Gabler, Wiesbaden, S 1575

o. V (1988b) Erfolgsrechnung. In: Gabler Wirtschafts-Lexikon, Bd. 2 C – F, 12. Aufl. Betriebswirtschaftlicher Verlag Dr. Th. Gabler, Wiesbaden, S 1577

o. V (1994) Upgrading. In: Diller H (Hrsg) Vahlens Großes Marketing Lexikon. Vahlen/dtv, München, S 1175

o. V (2007a) Potenzial. In: Duden-Redaktion (Hrsg) Duden Band 5, Das Fremdwörterbuch, 9. Aufl. Dudenverlag, Mannheim, S 829 f

o. V (2007b) Faktor. In: Duden-Redaktion (Hrsg) Duden Band 5, Das Fremdwörterbuch, 9. Aufl. Dudenverlag, Mannheim, S 311

o. V (2019) Gesetz gegen den unlauteren Wettbewerb (UWG). https://www.gesetze-im-internet.de/uwg_2004/BJNR141400004.html. Zugegriffen am 12.02.2019, 09.50 Uhr

Porter ME (2008) Wettbewerbsstrategie (Competitive Strategy). Methoden zur Analyse von Branchen und Konkurrenten, 11. Aufl. Campus, Frankfurt am Main/New York

Porter ME (2014) Wettbewerbsvorteile. Spitzenleistungen erreichen und behaupten, 8. Aufl. Campus, Frankfurt am Main/New York

Reichenbach R (2002) Wellness pur für Sie und Ihre Kunden. BBE, Köln

Schneider H, Kenning P, Hartleb V, Eberhardt T (2009) Implizites Preiswissen von Konsumenten – wirklich genauer als ihr explizites Preiswissen? Mark ZFP 31(4):219–233

Schneider H, Coşkun B, Schneider GK (2010) Rollenverteilung bei Kaufentscheidungen türkischstämmiger Familien in Deutschland. Ein Vergleich mit deutscher Mehrheits- und türkischer Herkunftsgesellschaft unter besonderer Berücksichtigung der Akkulturation. Mark ZFP 32(3):164–179

Schönert U (2013) Wieviel würden Sie für diese Tasse Kaffee bezahlen?. Interview mit Prof. Dr. Hermann Simon. In: Die Zeit – Zeitwissen, Nr. 1 (Dezember 2013/Januar 2014), S 48–52

Schröder H (1994) Erfolgsfaktorenforschung im Handel. Stand der Forschung und kritische Würdigung der Ergebnisse. Mark ZFP 16(2):89–105

Simon H, Homburg C (1995) Kundenzufriedenheit als strategischer Erfolgsfaktor – Einführende Überlegungen. In: Simon H, Homburg C (Hrsg) Kundenzufriedenheit. Konzepte – Methoden – Erfahrungen. Gabler, Wiesbaden, S 15–27

Stauss B, Seidel W (1995) Prozessuale Zufriedenheitsermittlung und Zufriedenheitsdynamik bei Dienstleistungen. In: Simon H, Homburg C (Hrsg) Kundenzufriedenheit. Konzepte, Methoden, Erfahrungen. Gabler, Wiesbaden, S 179–203

Ternow F (2012) Marketing-Routenplaner. Strategien effizient erarbeiten. Kohlhammer, Stuttgart

Weinberg P (1981) Das Entscheidungsverhalten der Konsumenten. Schöningh, Paderborn

Wiswede G (1991) Einführung in die Wirtschaftspsychologie. Ernst Reinhardt, München/Basel

Wöhe G, Döring U (2005) Einführung in die Allgemeine Betriebswirtschaftslehre, 22. Aufl. Vahlen, München

Über den Autor

Frank Ternow (geb. 1970 in Kassel, Dr. rer. pol., Diplom-Ökonom), war nach dem Studium der Wirtschaftswissenschaften in einer Kölner Unternehmensberatung (Schwerpunkt Handel) tätig und ist heute als freier Marketing-Experte und Fachautor aktiv. Er befasst sich vor allem mit Aspekten des Kaufverhaltens und des Strategischen Marketing. Von ihm ist bisher u. a. das erfolgreiche Praktikerhandbuch „Marketing-Routenplaner – Strategien effizient erarbeiten" erschienen.

Kontakt: www.ternowmarketing.de

© Springer Fachmedien Wiesbaden GmbH, ein Teil von Springer Nature 2020
F. Ternow, *Familien als Kunden gewinnen*,
https://doi.org/10.1007/978-3-658-28608-8

Stichwortverzeichnis

© Springer Fachmedien Wiesbaden GmbH, ein Teil von Springer Nature 2020
F. Ternow, *Familien als Kunden gewinnen*,
https://doi.org/10.1007/978-3-658-28608-8

The manufacturer's authorised representative in the EU is Springer
Nature Customer Service Centre GmbH, Europaplatz 3, 69115 Heidelberg,
Germany. If you have any concerns regarding our products, please
contact ProductSafety@springernature.com

Printed and bound by CPI Group (UK) Ltd, Croydon, CR0 4YY

28/04/2026

02098534-0003